Pâtisserie Première

L'art du gâteau pour les novices

Lucie Delamare

Table des matières

Gâteau éponge tchèque 11

Gâteau au miel simple 12

Éponge au citron tout-en-un 13

Gâteau mousseline au citron 14

Gâteau au citron 15

Gâteau au citron et à la vanille 17

Gâteau au madère 18

Gâteau Marguerite 19

Gâteau au lait chaud 20

Génoise au lait 21

Éponge moka tout-en-un 22

Gâteau au Moscatel 23

Éponge orange tout-en-un 24

Gâteau nature 25

Gâteau éponge espagnol 26

Sandwich Victoria 27

Gâteau éponge fouetté 28

Gâteau éponge moulin à vent 29

Rouleau Suisse 31

Roulé aux pommes 32

Rouleau de châtaignes au brandy 34

Rouleau suisse au chocolat 36

Rouleau au citron 37

Rouleau Citron et Fromage au Miel 39

Rouleau de marmelade de citron vert 41

Roulade de citron et de fraise 43

Rouleau suisse à l'orange et aux amandes 45

Roulé suisse aux fraises dos à dos 48

Gâteau au chocolat tout-en-un.. 50

Pain au chocolat et aux bananes 51

Gâteau au chocolat et aux amandes... 52

Gâteau au chocolat glacé aux amandes... 53

Gâteau des anges au chocolat 55

Gâteau au chocolat américain 57

Gâteau aux pommes au chocolat 59

Gâteau Brownie Au Chocolat 61

Gâteau au chocolat et au babeurre 63

Gâteau aux pépites de chocolat et aux amandes 64

Gâteau à la crème au chocolat 66

Gâteau au chocolat aux dattes 67

Gâteau au chocolat familial 69

Gâteau du diable avec glaçage à la guimauve 70

Gâteau au chocolat de rêve 72

Gâteau au chocolat flottant 74

Gâteau aux noisettes et au chocolat 75

Gâteau fondant au chocolat 77

Gâteau au chocolat 79

Gâteau au chocolat italien 81

Gâteau glacé au chocolat et aux noisettes 83

Gâteau italien au chocolat et à la crème de brandy 85

mille-feuilles au chocolat 87

Gâteau au chocolat moilleux 89

Gâteau Moka 90

Tarte à la boue 91

Mississippi Mud Pie à base de croquants 92

Gâteau au chocolat et aux noix 94

Gâteau au chocolat riche 95

Gâteau au chocolat, aux noix et aux cerises 97

Gâteau au chocolat et au rhum 99

Sandwich au chocolat 100

Gâteau Caroube et Noix 101

Bûche de Noël Caroube 103

Gâteau aux graines de carvi 105

Gâteau de riz aux amandes 106

Gâteau à la bière 107

Gâteau à la bière et aux dattes 109

Gâteau Battenbourg 110

Gâteau au pouding au pain 112

Gâteau au babeurre anglais 114

Gâteau au caramel 116

Gâteau doré à la cannelle et à la noix de muscade 118

Gâteau au café 120

Gâteau streusel au café 121

Gâteau dégoulinant de la ferme 122

Pain d'épice américain avec sauce au citron 123

Pain d'épice au café 125

Gâteau à la crème de gingembre 126

Gâteau au gingembre de Liverpool 127

Pain d'épice à l'avoine 128

Pain d'épice collant	130
Pain d'épice complet	131
Gâteau au miel et aux amandes	132
Gâteau glacé au citron	133
Anneau de thé glacé	134
Gâteau au lard	136
Gâteau au Lard aux Graines de Carvi	137
Gâteau marbré	138
Gâteau étagé du Lincolnshire	139
Gâteau au pain	140
Gâteau à la marmelade	141
Gâteau aux graines de pavot	142
Gâteau au yaourt nature	143
Gâteau aux pruneaux et crème pâtissière	144
Gâteau ondulé aux framboises avec glaçage au chocolat	146
Gâteau de sable	147
Gâteau aux graines	148
Gâteau aux épices	149
Gâteau Épicé	150
Gâteau au sucre et à la cannelle	151
Gâteau au thé victorien	152
Gâteau aux fruits tout-en-un	153
Gâteau aux fruits tout-en-un	154
Gâteau aux fruits australien	155
Gâteau américain riche	156
Gâteau aux fruits de caroube	158
Gâteau aux fruits au café	159

Gâteau lourd de Cornouailles 161
Gâteau aux groseilles 162
Gâteau aux fruits noirs 163
Gâteau coupé et recommencé 165
Gâteau Dundee 166
Gâteau aux fruits sans œufs 167
Gâteau aux fruits infaillible 168
Gâteau aux fruits au gingembre 170
Gâteau aux fruits et au miel de la ferme 171
Gâteau de Gênes 172
Gâteau aux fruits glacés 174
Gâteau aux fruits à la Guinness 175
Gâteau à la viande hachée 176
Gâteau aux fruits à l'avoine et à l'abricot 177
Gâteau aux fruits du jour au lendemain 178
Gâteau aux raisins secs et aux épices 179
Gâteau Richmond 180
Gâteau aux fruits au safran 181
Gâteau aux fruits soda 182
Gâteau aux fruits rapide 183
Gâteau aux fruits au thé chaud 184
Gâteau aux fruits au thé froid 185
Gâteau aux fruits sans sucre 186
Petits gâteaux aux fruits 187
Gâteau aux fruits au vinaigre 189
Gâteau au whisky de Virginie 190
Gâteau aux fruits gallois 191

Gâteau aux fruits blancs 192

Gâteau aux pommes 193

Gâteau croustillant aux pommes épicées 194

Gâteau américain aux pommes 195

Gâteau à la purée de pommes 196

Gâteau aux pommes au cidre 197

Gâteau aux pommes et à la cannelle 198

Gâteau espagnol aux pommes 199

Gâteau aux pommes et raisins secs 201

Gâteau renversé aux pommes 202

Gâteau aux abricots 203

Gâteau aux abricots et au gingembre 204

Gâteau aux abricots ivre 205

Gâteau à la banane 206

Gâteau aux bananes croustillant 207

Éponge à la banane 208

Gâteau aux bananes riche en fibres 209

Gâteau à la banane et au citron 210

Gâteau au chocolat et aux bananes au mélangeur 211

Gâteau aux bananes et cacahuètes 212

Gâteau tout-en-un à la banane et aux raisins secs 213

Gâteau à la banane et au whisky 214

Gâteau aux bleuets 215

Gâteau pavé aux cerises 216

Gâteau aux cerises et à la noix de coco 217

Gâteau aux cerises et aux raisins secs 218

Gâteau glacé aux cerises et aux noix 219

Gâteau Damson 220

Gâteau aux dattes et aux noix 221

Gâteau au citron 222

Gâteau à l'orange et aux amandes 223

Gâteau éponge tchèque

Donne un gâteau de 15 x 25 cm/10 x 6 po

350 g/12 oz/3 tasses de farine ordinaire (tout usage)

100 g/4 oz/2/3 tasse de sucre glace (de confiserie), tamisé

100 g/4 oz/1 tasse de noisettes ou d'amandes moulues

15 ml / 1 cuillère à soupe de levure chimique

150 ml/¼ pt/2/3 tasse de lait

2 oeufs, légèrement battus

250 ml/8 fl oz/1 tasse d'huile de tournesol

225 g/8 oz de fruits frais

Pour le glaçage:

400 ml/14 fl oz/1¾ tasses de jus de fruits

20 ml/4 c. à thé d'arrow-root

Mélanger les ingrédients secs. Mélanger le lait, les œufs et l'huile et ajouter au mélange. Verser dans un moule à gâteau peu profond graissé de 15 x 25 cm/6 x 10 po et cuire dans un four préchauffé à 180°C/350°F/thermostat 4 pendant environ 35 minutes jusqu'à consistance ferme. Laisser refroidir.

Disposez les fruits sur la base de biscuit. Faire bouillir ensemble le jus de fruit et l'arrow-root, en remuant jusqu'à épaississement, puis verser le glaçage sur le dessus du gâteau.

Gâteau au miel simple

Donne un gâteau de 20 cm/8 po

100 g/4 oz/½ tasse de beurre ou de margarine, ramolli

25 g/1 oz/2 cuillères à soupe de sucre en poudre (superfin)

60 ml/4 cuillères à soupe de miel clair

2 oeufs, légèrement battus

175 g/6 oz/1½ tasse de farine auto-levante (auto-levante)

2,5 ml/½ cuillère à café de levure chimique

5 ml/1 cuillère à café de cannelle moulue

15 ml/1 cuillère à soupe d'eau

Battez ensemble tous les ingrédients jusqu'à ce que vous ayez une consistance molle. Verser dans un moule à gâteau de 20 cm/8 po graissé et chemisé et cuire dans un four préchauffé à 190°C/375°F/thermostat 5 pendant 30 minutes jusqu'à ce qu'il soit bien gonflé et élastique au toucher.

Éponge au citron tout-en-un

Donne un gâteau de 20 cm/8 po

100 g/4 oz/½ tasse de beurre ou de margarine, ramolli

100 g/4 oz/½ tasse de sucre en poudre (superfin)

100 g/4 oz/1 tasse de farine auto-levante (auto-levante)

2,5 ml/½ cuillère à café de levure chimique

zeste râpé de 1 citron

15 ml/1 cuillère à soupe de jus de citron

2 oeufs

Mélanger tous les ingrédients jusqu'à ce qu'ils soient bien mélangés. Verser dans un moule à gâteau de 20 cm/8 po graissé et chemisé et cuire dans un four préchauffé à 180°C/350°F/thermostat 4 pendant 30 minutes jusqu'à ce qu'il soit bien gonflé et élastique au toucher.

Gâteau mousseline au citron

Donne un gâteau de 25 cm/10 po

225 g/8 oz/2 tasses de farine auto-levante (auto-levante)

15 ml / 1 cuillère à soupe de levure chimique

5 ml/1 cuillère à café de sel

350 g/12 oz/1½ tasse de sucre en poudre (superfin)

7 œufs, séparés

120 ml/4 oz/½ tasse d'huile

175 ml/6 oz liq./¾ tasse d'eau

10 ml/2 cuillères à café de zeste de citron râpé

5 ml/1 cuillère à café d'essence de vanille (extrait)

2,5 ml/½ cuillère à café de crème de tartre

Mélanger la farine, la levure chimique, le sel et le sucre et faire un puits au centre. Mélanger les jaunes d'œufs, l'huile, l'eau, le zeste de citron et l'essence de vanille et incorporer aux ingrédients secs. Battre ensemble les blancs d'œufs et la crème de tartre jusqu'à consistance ferme. Incorporer au mélange à gâteau. Versez dans un moule à cake de 25 cm/10 po non graissé et faites cuire dans un four préchauffé à 160°C/ 325°F/thermostat 3 pendant 1 heure. Éteignez le four mais laissez le gâteau encore 8 minutes. Retirer du four et renverser sur une grille de refroidissement pour terminer le refroidissement.

Gâteau au citron

Donne un gâteau de 900 g/2 lb

100 g/4 oz/½ tasse de beurre ou de margarine, ramolli

175 g/6 oz/¾ tasse de sucre en poudre (superfin)

2 oeufs, légèrement battus

175 g/6 oz/1½ tasse de farine auto-levante (auto-levante)

60 ml/4 cuillères à soupe de lait

zeste râpé de 1 citron

Pour le sirop :

60 ml/4 cuillères à soupe de sucre glace (pâtisserie) tamisé

45 ml/3 cuillères à soupe de jus de citron

Crémer ensemble le beurre ou la margarine et le sucre jusqu'à consistance légère et mousseuse. Ajouter progressivement les œufs, puis la farine, le lait et le zeste de citron et mélanger jusqu'à l'obtention d'une consistance molle. Verser dans un moule à cake de 900 g/2 lb graissé et chemisé et cuire dans un four préchauffé à 180°C/350°F/thermostat 4 pendant 45 minutes jusqu'à ce qu'il soit élastique au toucher.

Mélanger le sucre glace et le jus de citron et verser sur le gâteau dès la sortie du four. Laisser refroidir dans le moule.

Gâteau au citron et à la vanille

Donne un gâteau de 900 g/2 lb

225 g/8 oz/1 tasse de beurre ou de margarine, ramolli

450 g/1 lb/2 tasses de sucre en poudre (superfin)

4 œufs, séparés

350 g/12 oz/3 tasses de farine ordinaire (tout usage)

10 ml / 2 cuillères à café de levure chimique

200 ml/7 oz/à peine 1 tasse de lait

2,5 ml/½ cuillère à café d'essence de citron (extrait)

2,5 ml/½ cuillère à café d'essence de vanille (extrait)

Battre le beurre et le sucre en crème, puis incorporer les jaunes d'œufs. Incorporer la farine et la levure en alternance avec le lait. Incorporer les essences de citron et de vanille. Fouetter les blancs d'œufs jusqu'à ce qu'ils forment des pics mous, puis les incorporer délicatement au mélange. Versez dans un moule à cake beurré de 900 g/ 2 lb et faites cuire dans un four préchauffé à 150°C/300°F/thermostat 2 pendant 1h15 jusqu'à ce qu'ils soient dorés et élastiques au toucher.

Gâteau au madère

Donne un gâteau de 18 cm/7 po

175 g/6 oz/¾ tasse de beurre ou de margarine, ramolli

175 g/6 oz/¾ tasse de sucre en poudre (superfin)

3 gros œufs

150 g/5 oz/1¼ tasses de farine auto-levante (auto-levante)

100 g/4 oz/1 tasse de farine ordinaire (tout usage)

Une pincée de sel

Zeste râpé et jus de ½ citron

Crémer ensemble le beurre ou la margarine et le sucre jusqu'à ce qu'ils soient pâles et doux. Ajouter les œufs un à un en battant bien entre chaque ajout. Incorporer les ingrédients restants. Verser dans un moule à cake de 18 cm/7 po graissé et chemisé et lisser la surface. Cuire dans un four préchauffé à 160°C/325°F/thermostat 3 pendant 1h à 1h30 jusqu'à ce qu'ils soient dorés et élastiques au toucher. Laisser refroidir dans le moule pendant 5 minutes avant de démouler sur une grille pour terminer le refroidissement.

Gâteau Marguerite

Donne un gâteau de 20 cm/8 po

4 œufs, séparés

15 ml/1 cuillère à soupe de sucre semoule (surfin)

175 g/6 oz/1½ tasse de farine ordinaire (tout usage)

100 g/4 oz/1 tasse de farine de pommes de terre

2,5 ml/½ cuillère à café d'essence de vanille (extrait)

25 g/1 oz/3 cuillères à soupe de sucre glace (pâtisserie) tamisé

Battre ensemble les jaunes d'œufs et le sucre jusqu'à ce qu'ils soient pâles et crémeux. Incorporer progressivement la farine, la fécule de pomme de terre et l'essence de vanille. Fouetter les blancs d'œufs en neige ferme et les incorporer au mélange. Versez le mélange dans un moule à cake de 20 cm de diamètre beurré et chemisé et faites cuire dans un four préchauffé à 200°C/400°F/thermostat 6 pendant 5 minutes seulement. Sortir le gâteau du four et faire une croix sur le dessus avec un couteau bien aiguisé, puis remettre au four le plus vite possible et cuire encore 5 minutes. Baissez la température du four à 180°C/350°F/thermostat 4 et faites cuire encore 25 minutes jusqu'à ce qu'ils soient bien gonflés et dorés. Laisser refroidir puis servir saupoudré de sucre glace.

Gâteau au lait chaud

Donne un gâteau de 23 cm/9 po

4 oeufs, légèrement battus

5 ml/1 cuillère à café d'essence de vanille (extrait)

450 g/1 lb/2 tasses de sucre cristallisé

225 g/8 oz/2 tasses de farine auto-levante (auto-levante)

10 ml / 2 cuillères à café de levure chimique

2,5 ml/½ cuillère à café de sel

250 ml/8 oz/1 tasse de lait

25 g/1 oz/2 cuillères à soupe de beurre ou de margarine

Fouetter ensemble les œufs, l'essence de vanille et le sucre jusqu'à consistance légère et mousseuse. Incorporer progressivement la farine, la levure chimique et le sel. Porter à ébullition le lait et le beurre ou la margarine dans une petite casserole, puis incorporer au mélange et bien mélanger. Verser dans un moule à cake beurré et fariné de 23 cm/9 po et cuire dans un four préchauffé à 180°C/350°F/thermostat 4 pendant 40 minutes jusqu'à ce qu'ils soient dorés et élastiques au toucher.

Génoise au lait

Donne un gâteau de 20 cm/8 po

150 ml/¼ pt/2/3 tasse de lait

3 oeufs

175 g/6 oz/¾ tasse de sucre en poudre (superfin)

5 ml/1 cuillère à café de jus de citron

350 g/12 oz/3 tasses de farine ordinaire (tout usage)

5 ml/1 cuillère à café de levure chimique

Faites chauffer le lait dans une casserole. Battre les œufs dans un bol jusqu'à ce qu'ils soient épais et crémeux, puis ajouter le sucre et le jus de citron. Verser la farine et la levure chimique, puis incorporer progressivement le lait chaud jusqu'à consistance lisse. Verser dans un moule à gâteau graissé de 20 cm/8 po et cuire dans un four préchauffé à 180°C/350°F/thermostat 4 pendant 20 minutes jusqu'à ce qu'il soit bien gonflé et élastique au toucher.

Éponge moka tout-en-un

Donne un gâteau de 20 cm/8 po

100 g/4 oz/½ tasse de beurre ou de margarine, ramolli

100 g/4 oz/½ tasse de sucre en poudre (superfin)

100 g/4 oz/1 tasse de farine auto-levante (auto-levante)

2,3 ml/½ cuillère à café de levure chimique

15 ml/1 cuillère à soupe de café instantané en poudre, dissous dans 10 ml/2 cuillères à café d'eau chaude

15 ml/1 cuillère à soupe de poudre de cacao (chocolat non sucré)

2 oeufs

Mélanger tous les ingrédients jusqu'à ce qu'ils soient bien mélangés. Verser dans un moule à gâteau de 20 cm/8 po graissé et chemisé et cuire dans un four préchauffé à 180°C/350°F/thermostat 4 pendant 30 minutes jusqu'à ce qu'il soit bien gonflé et élastique au toucher.

Gâteau au Moscatel

Donne un gâteau de 18 cm/7 po

175 g/6 oz/¾ tasse de beurre ou de margarine, ramolli

175 g/6 oz/¾ tasse de sucre en poudre (superfin)

3 oeufs

30 ml/2 cuillères à soupe de vin doux Moscatel

225 g/8 oz/2 tasses de farine ordinaire (tout usage)

10 ml / 2 cuillères à café de levure chimique

Crémer ensemble le beurre ou la margarine et le sucre jusqu'à consistance légère et mousseuse, puis incorporer graduellement les œufs et le vin. Incorporer la farine et la levure chimique et mélanger jusqu'à consistance lisse. Verser dans un moule à cake graissé et tapissé de 18 cm/7 po et cuire dans un four préchauffé à 180°C/350°F/thermostat 4 pendant 1h15 jusqu'à ce qu'il soit doré et élastique au toucher. Laisser refroidir dans le moule pendant 5 minutes, puis démouler sur une grille pour terminer le refroidissement.

Éponge orange tout-en-un

Donne un gâteau de 20 cm/8 po

100 g/4 oz/½ tasse de beurre ou de margarine, ramolli

100 g/4 oz/½ tasse de sucre en poudre (superfin)

100 g/4 oz/1 tasse de farine auto-levante (auto-levante)

2,5 ml/½ cuillère à café de levure chimique

le zeste râpé d'1 orange

15 ml/1 cuillère à soupe de jus d'orange

2 oeufs

Mélanger tous les ingrédients jusqu'à ce qu'ils soient bien mélangés. Verser dans un moule à gâteau de 20 cm/8 po graissé et chemisé et cuire dans un four préchauffé à 180°C/350°F/thermostat 4 pendant 30 minutes jusqu'à ce qu'il soit bien gonflé et élastique au toucher.

Gâteau nature

Donne un gâteau de 23 cm/9 po

50 g/2 oz/¼ tasse de beurre ou de margarine

225 g/8 oz/2 tasses de farine ordinaire (tout usage)

2,5 ml/½ cuillère à café de sel

15 ml / 1 cuillère à soupe de levure chimique

30 ml/2 cuillères à soupe de sucre semoule (surfin)

250 ml/8 oz/1 tasse de lait

Frotter le beurre ou la margarine dans la farine, le sel et la levure chimique jusqu'à ce que le mélange ressemble à de la chapelure. Incorporer le sucre. Ajouter progressivement le lait et mélanger pour obtenir une pâte lisse. Pressez délicatement dans un moule à gâteau graissé de 23 cm/9 po et faites cuire dans un four préchauffé à 160°C/325°F/thermostat 3 pendant environ 30 minutes jusqu'à ce qu'ils soient légèrement dorés.

Gâteau éponge espagnol

Donne un gâteau de 23 cm/9 po

4 œufs, séparés

100 g/4 oz/½ tasse de sucre cristallisé

Zeste râpé de ½ citron

25 g/1 oz/¼ tasse de semoule de maïs

25 g/1 oz/¼ tasse de farine ordinaire (tout usage)

30 ml/2 cuillères à soupe de sucre glace (pâtisserie) tamisé

Battre les jaunes d'œufs, le sucre et le zeste de citron jusqu'à ce qu'ils soient pâles et mousseux. Incorporer progressivement la semoule de maïs et la farine. Battez les blancs d'œufs en neige ferme, puis incorporez-les à la pâte. Versez le mélange dans un moule à gâteau carré de 23 cm/9 po graissé et faites cuire dans un four préchauffé à 220°C/425°F/thermostat 7 pendant 6 minutes. Retirer immédiatement du moule et laisser refroidir. Servir saupoudré de sucre glace.

Sandwich Victoria

Donne un gâteau de 23 cm/7 po

175 g/6 oz/¾ tasse de beurre ou de margarine, ramolli

175 g/6 oz/¾ tasse de sucre en poudre (superfin), plus un supplément pour saupoudrer

3 oeufs, battus

175 g/6 oz/1½ tasse de farine auto-levante (auto-levante)

60 ml/4 cuillères à soupe de confiture de fraise (conserver)

Battre le beurre ou la margarine jusqu'à ce qu'ils soient tendres, puis crémer avec le sucre jusqu'à ce qu'ils soient pâles et mousseux. Incorporer les œufs petit à petit, puis incorporer la farine. Répartir uniformément le mélange dans deux moules à sandwich beurrés et chemisés de 18 cm/7. Cuire au four préchauffé à 190°C/375°F/thermostat 5 pendant environ 20 minutes jusqu'à ce qu'ils soient bien gonflés et élastiques au toucher. Démoulez sur une grille pour refroidir, puis sandwichez avec de la confiture et saupoudrez de sucre.

Gâteau éponge fouetté

Donne un gâteau de 20 cm/8 po

2 oeufs

75 g/3 oz/1/3 tasse de sucre en poudre (superfin)

50 g/2 oz/½ tasse de farine ordinaire (tout usage)

120 ml/4 fl oz/½ tasse de crème double (lourde), fouettée

45 ml/3 cs de confiture de framboises (conservée)

Sucre glace (de confiserie), tamisé

Fouetter ensemble les œufs et le sucre pendant au moins 5 minutes jusqu'à ce qu'ils blanchissent. Incorporer la farine. Verser dans un moule à sandwich de 20 cm/8 po graissé et chemisé et cuire dans un four préchauffé à 190°C/375°F/thermostat 5 pendant 20 minutes jusqu'à ce qu'il soit élastique au toucher. Laisser refroidir sur une grille.

Couper le gâteau en deux horizontalement, puis prendre les deux moitiés en sandwich avec la crème et la confiture. Saupoudrer de sucre glace sur le dessus.

Gâteau éponge moulin à vent

Donne un gâteau de 20 cm/8 po

Pour le gâteau :

175 g/6 oz/1½ tasse de farine auto-levante (auto-levante)

5 ml/1 cuillère à café de levure chimique

175 g/6 oz/¾ tasse de beurre ou de margarine, ramolli

175 g/6 oz/¾ tasse de sucre en poudre (superfin)

3 oeufs

5 ml/1 cuillère à café d'essence de vanille (extrait)

Pour le glaçage (glaçage) :

100 g/4 oz/½ tasse de beurre ou de margarine, ramolli

175 g/6 oz/1 tasse de sucre glace (de confiserie), tamisé

75 ml/5 cuillères à soupe de confiture de fraises (conserver)

Brins de sucre et quelques tranches d'orange et de citron cristallisées (confites) pour décorer

Crémer ensemble tous les ingrédients du gâteau jusqu'à ce que vous ayez un mélange à gâteau moelleux. Verser dans deux moules à gâteau de 20 cm/ 8 po graissés et chemisés et cuire dans un four préchauffé à 160°C/325°F/thermostat 3 pendant 20 minutes jusqu'à ce qu'ils soient dorés et élastiques au toucher. Laisser refroidir dans les moules pendant 5 minutes, puis démouler sur une grille pour terminer le refroidissement.

Pour faire le glaçage, crémez le beurre ou la margarine avec le sucre glace jusqu'à l'obtention d'une consistance tartinable. Étalez la confiture sur le dessus d'un gâteau, puis étalez la moitié du glaçage et placez le deuxième gâteau sur le dessus. Étaler le reste de glaçage sur le dessus du gâteau et lisser avec une spatule. Découpez un cercle de 20 cm de papier sulfurisé (ciré) et pliez-le en 8 segments. En laissant un petit cercle au centre pour maintenir le papier en un seul morceau, découpez des segments alternés et placez le papier sur le dessus du gâteau comme un pochoir. Saupoudrez les sections non recouvertes de brins de sucre, puis retirez le papier et disposez les tranches d'orange et de citron selon un motif attrayant sur les sections non décorées.

Rouleau Suisse

Donne un rouleau de 20 cm/8 po

3 oeufs

75 g/3 oz/1⁄3 tasse de sucre en poudre (superfin)

75 g/3 oz/¾ tasse de farine auto-levante (auto-levante)

Sucre semoule (surfin) pour saupoudrer

75 ml/5 cuillères à soupe de confiture de framboises (conserver)

Fouettez ensemble les œufs et le sucre pendant environ 10 minutes jusqu'à ce qu'ils soient très pâles et épais et que le mélange s'écoule du fouet en rubans. Incorporer la farine et verser dans un moule à roulé graissé et tapissé de 30 x 20 cm/12 x 8 po. Cuire dans un four préchauffé à 200°C/400°F/thermostat 4 pendant 10 minutes jusqu'à ce qu'ils soient bien gonflés et fermes au toucher. Saupoudrer un torchon propre (torchon) de sucre semoule et renverser le gâteau sur le torchon. Retirez le papier de revêtement, coupez les bords et passez un couteau à environ 2,5 cm du bord court, en coupant à mi-chemin du gâteau. Rouler le gâteau à partir du bord coupé. Laisser refroidir.

Déballer le gâteau et tartiner de confiture, puis rouler à nouveau et servir saupoudré de sucre glace.

Roulé aux pommes

Donne un rouleau de 20 cm/8 po

100 g/4 oz/1 tasse de farine ordinaire (tout usage)

5 ml/1 cuillère à café de levure chimique

Une pincée de sel

225 g/8 oz/1 tasse de sucre en poudre (superfin)

3 oeufs

5 ml/1 cuillère à café d'essence de vanille (extrait)

45 ml/3 cuillères à soupe d'eau froide

Sucre glace (de confiserie), tamisé, pour saupoudrer

100 g/4 oz/1 tasse de confiture de pomme (conserve transparente)

Mélanger la farine, la levure chimique, le sel et le sucre, puis incorporer les œufs et l'essence de vanille jusqu'à consistance lisse. Incorporer l'eau. Versez le mélange dans un moule à roulé suisse de 30 x 20 cm/12 x 8 po graissé et fariné et faites cuire dans un four préchauffé à 190°C/375°F/thermostat 5 pendant 20 minutes jusqu'à ce qu'il soit élastique. touche. Saupoudrer un torchon propre (torchon) de sucre glace et renverser le gâteau sur le torchon. Retirez le papier de revêtement, coupez les bords et passez un couteau à environ 2,5 cm du bord court, en coupant à mi-chemin du gâteau. Rouler le gâteau à partir du bord coupé. Laisser refroidir.

Déroulez le gâteau et tartinez de confiture de pommes presque jusqu'aux bords. Rouler à nouveau et saupoudrer de sucre glace pour servir.

Rouleau de châtaignes au brandy

Donne un rouleau de 20 cm/8 po

3 oeufs

100 g/4 oz/½ tasse de sucre en poudre (superfin)

100 g/4 oz/1 tasse de farine ordinaire (tout usage)

30 ml/2 cuillères à soupe de cognac

Sucre semoule (surfin) pour saupoudrer

Pour le garnissage et la décoration :

300 ml/½ pt/1¼ tasse de crème double (épaisse)

15 ml/1 cuillère à soupe de sucre semoule (surfin)

250 g / 9 oz / 1 grande boîte de purée de marrons

175 g/6 oz/1½ tasse de chocolat nature (mi-sucré)

15 g/½ oz/1 cuillère à soupe de beurre ou de margarine

30 ml/2 cuillères à soupe de cognac

Fouetter ensemble les œufs et le sucre jusqu'à ce qu'ils soient pâles et épais. Incorporer délicatement la farine et le brandy avec une cuillère en métal. Verser dans un moule à roulé de 30 x 20 cm/12 x 8 po graissé et chemisé et faire cuire dans un four préchauffé à 220°C/425°F/thermostat 7 pendant 12 minutes. Placer un torchon propre (torchon) sur le plan de travail, recouvrir d'une feuille de papier sulfurisé (ciré) et saupoudrer de sucre semoule. Retourner le gâteau sur le papier. Retirez le papier de revêtement, coupez les bords et passez un couteau à environ 2,5 cm du bord court, en coupant à mi-chemin du gâteau. Rouler le gâteau à partir du bord coupé. Laisser refroidir.

Pour faire la garniture, fouetter la crème et le sucre jusqu'à consistance ferme. Tamiser (filtrer) la purée de marrons, puis battre jusqu'à consistance lisse. Incorporer la moitié de la crème à la purée de marrons. Déroulez le gâteau et étalez la purée de marrons sur la surface, puis roulez à nouveau le gâteau. Faire fondre le chocolat avec le beurre ou la margarine et le brandy dans un bol résistant à la chaleur posé sur une casserole d'eau frémissante. Étaler sur le gâteau et tracer des motifs avec une fourchette.

Rouleau suisse au chocolat

Donne un rouleau de 20 cm/8 po

3 oeufs

75 g/3 oz/1/3 tasse de sucre en poudre (superfin)

50 g/2 oz/½ tasse de farine auto-levante (auto-levante)

25 g/1 oz/¼ tasse de poudre de cacao (chocolat non sucré)

Sucre semoule (surfin) pour saupoudrer

120 ml / 4 fl oz / ½ tasse de crème double (lourde)

Sucre glace (de confiserie) à saupoudrer

Fouettez ensemble les œufs et le sucre pendant environ 10 minutes jusqu'à ce qu'ils soient très pâles et épais, et le mélange s'écoule du fouet en rubans. Incorporer la farine et le cacao et verser dans un moule à roulé graissé et tapissé de 30 x 20 cm/12 x 8 po. Cuire dans un four préchauffé à 200°C/400°F/thermostat 4 pendant 10 minutes jusqu'à ce qu'ils soient bien gonflés et fermes au toucher. Saupoudrer un torchon propre (torchon) de sucre semoule et renverser le gâteau sur le torchon. Retirez le papier de revêtement, coupez les bords et passez un couteau à environ 2,5 cm du bord court, en coupant à mi-chemin du gâteau. Rouler le gâteau à partir du bord coupé. Laisser refroidir.

Fouetter la crème jusqu'à consistance ferme. Déballer le gâteau et tartiner de crème, puis rouler à nouveau et servir saupoudré de sucre glace.

Rouleau au citron

Donne un rouleau de 20 cm/8 po

75 g / 3 oz / ¾ tasse de farine auto-levante (auto-levante)

5 ml/1 cuillère à café de levure chimique

Une pincée de sel

1 oeuf

175 g/6 oz/¾ tasse de sucre en poudre (superfin)

15 ml/1 cuillère à soupe d'huile

5 ml/1 cuillère à café d'essence de citron (extrait)

6 blancs d'œufs

50 g/2 oz/1/3 tasse de sucre glace (à glacer), tamisé

75 ml/5 cuillères à soupe de crème de citron

300 ml/½ pt/1¼ tasse de crème double (épaisse)

10 ml/2 cuillères à café de zeste de citron râpé

Mélanger la farine, la levure chimique et le sel. Battre l'œuf jusqu'à ce qu'il soit épais et de couleur citron, puis incorporer lentement 50 g/2 oz/ ¼ tasse de sucre en poudre jusqu'à ce qu'il soit pâle et crémeux. Incorporer l'huile et l'essence de citron. Dans un bol propre, battre les blancs d'œufs jusqu'à ce qu'ils forment des pics mous, puis incorporer graduellement le reste du sucre en poudre jusqu'à ce que le mélange forme des pics fermes. Plier les blancs d'œufs dans l'huile, puis incorporer la farine. Verser dans un moule à roulé suisse de 30 x 20 cm/12 x 8 po graissé et chemisé et cuire dans un four préchauffé à 190°C/375°F/thermostat 5 pendant 10 minutes jusqu'à ce qu'il soit élastique au toucher. Couvrir un torchon propre (torchon) d'une feuille de papier sulfurisé (ciré) et saupoudrer de sucre glace, puis renverser le gâteau sur le torchon. Retirez le papier doublure, coupez les bords et passez un couteau à environ 2,5 cm/ 1 po du bord court, couper à mi-chemin du gâteau. Rouler le gâteau à partir du bord coupé. Laisser refroidir.

Déroulez le gâteau et tartinez-le de crème au citron. Fouetter la crème jusqu'à ce qu'elle soit ferme et incorporer le zeste de citron. Étalez dessus le lemon curd, puis roulez à nouveau le gâteau. Réfrigérer avant de servir.

Rouleau Citron et Fromage au Miel

Donne un rouleau de 20 cm/8 po

3 oeufs

75 g/3 oz/1/3 tasse de sucre en poudre (superfin)

zeste râpé de 1 citron

75 g/3 oz/¾ tasse de farine ordinaire (tout usage)

Une pincée de sel

Sucre semoule (surfin) pour saupoudrer Pour la garniture :

175 g/6 oz/¾ tasse de fromage à la crème

30 ml/2 cuillères à soupe de miel clair

Sucre glace (de confiserie), tamisé, pour saupoudrer

Fouetter ensemble les œufs, le sucre et le zeste de citron dans un bol résistant à la chaleur placé au-dessus d'une casserole d'eau frémissante jusqu'à ce qu'il soit épais et mousseux et que le mélange s'écoule du fouet en rubans. Retirer du feu et fouetter pendant 3 minutes, puis incorporer la farine et le sel. Verser dans un moule à roulé suisse de 30 x 20 cm/ 12 x 8 po graissé et chemisé et faire cuire dans un four préchauffé à 200°C/ 400°F/thermostat 6 jusqu'à ce qu'il soit doré et élastique au toucher. Couvrir un torchon propre (torchon) d'une feuille de papier sulfurisé (ciré) et saupoudrer de sucre semoule, puis renverser le gâteau sur le torchon. Retirez le papier de revêtement, coupez les bords et passez un couteau à environ 2,5 cm du bord court, en coupant à mi-chemin du gâteau. Rouler le gâteau à partir du bord coupé. Laisser refroidir.

Mélanger le fromage à la crème avec le miel. Déroulez le gâteau, tartinez avec la garniture, puis roulez à nouveau le gâteau et saupoudrez de sucre glace.

Rouleau de marmelade de citron vert

Donne un rouleau de 20 cm/8 po

3 oeufs

175 g/6 oz/¾ tasse de sucre en poudre (superfin)

45 ml/3 cuillères à soupe d'eau

5 ml/1 cuillère à café d'essence de vanille (extrait)

75 g/3 oz/¾ tasse de farine ordinaire (tout usage)

5 ml/1 cuillère à café de levure chimique

Une pincée de sel

25 g/1 oz/¼ tasse d'amandes moulues

Sucre semoule (surfin) pour saupoudrer

60 ml/4 cuillères à soupe de marmelade de citron vert

150 ml/¼ pt/2/3 tasse de crème double (épaisse), fouettée

Battre les œufs jusqu'à ce qu'ils soient pâles et épais, puis incorporer progressivement le sucre, l'eau et l'essence de vanille. Incorporer la farine, la levure chimique, le sel et les amandes moulues et battre en une pâte lisse. Verser dans un moule à roulé suisse de 30 x 20 cm/12 x 8 po graissé et chemisé et cuire dans un four préchauffé à 180°C/350°F/thermostat 4 pendant 12 minutes jusqu'à ce qu'il soit élastique au toucher. Saupoudrer un torchon propre (torchon) de sucre et renverser le gâteau chaud sur le torchon. Retirez le papier de revêtement, coupez les bords et passez un couteau à environ 2,5 cm du bord court, en coupant à mi-chemin du gâteau. Rouler le gâteau à partir du bord coupé. Laisser refroidir.

Déroulez le gâteau et tartinez-le de marmelade et de crème. Rouler à nouveau et saupoudrer d'un peu plus de sucre semoule.

Roulade de citron et de fraise

Donne un rouleau de 20 cm/8 po

Pour le remplissage:

30 ml/2 cuillères à soupe de fécule de maïs (maïzena)

75 g/3 oz/1/3 tasse de sucre en poudre (superfin)

120 ml/4 fl oz/½ tasse de jus de pomme

120 ml/4 oz/½ tasse de jus de citron

2 jaunes d'œufs légèrement battus

10 ml/2 cuillères à café de zeste de citron râpé

15 ml/1 cuillère à soupe de beurre

Pour le gâteau :

3 œufs, séparés

3 blancs d'œufs

Une pincée de sel

75 g/3 oz/1/3 tasse de sucre en poudre (superfin)

15 ml/1 cuillère à soupe d'huile

5 ml/1 cuillère à café d'essence de vanille (extrait)

5 ml/1 cuillère à café de zeste de citron râpé

50 g/2 oz/½ tasse de farine ordinaire (tout usage)

25 g/1 oz/¼ tasse de farine de maïs (amidon de maïs)

225 g/8 oz de fraises, tranchées

Sucre glace (de confiserie), tamisé, pour saupoudrer

Pour réaliser la garniture, mélanger la maïzena et le sucre dans une casserole, puis ajouter progressivement les jus de pomme et de citron. Incorporer les jaunes d'œufs et le zeste de citron. Cuire à feu doux, en remuant continuellement, jusqu'à ce que le mélange soit très épais. Retirer du feu et incorporer le beurre. Versez dans un bol, placez un cercle de papier sulfurisé (ciré) sur la surface, laissez refroidir, puis réfrigérez.

Pour faire le gâteau, battez tous les blancs d'œufs avec le sel jusqu'à ce qu'ils forment des pics mous. Incorporer graduellement le sucre jusqu'à ce qu'il soit ferme et brillant. Fouetter ensemble les jaunes d'œufs, l'huile, l'essence de vanille et le zeste de citron. Incorporer une cuillerée de blancs d'œufs, puis incorporer le mélange de jaunes d'œufs aux blancs d'œufs. Incorporer la farine et la maïzena; ne pas trop mélanger. Étalez le mélange dans un moule à roulé suisse de 30 x 20 cm / 12 x 8 po graissé, tapissé et fariné et faites cuire dans un four préchauffé à 200 ° C / 400 ° F / thermostat 4 pendant 10 minutes jusqu'à ce que doré . Retourner le gâteau sur une feuille de papier sulfurisé (ciré) sur une grille. Retirez le papier de revêtement, coupez les bords et passez un couteau à environ 2,5 cm du bord court, en coupant à mi-chemin du gâteau. Rouler le gâteau à partir du bord coupé. Laisser refroidir.

Déroulez et étalez le gâteau froid avec la garniture au citron et disposez les fraises dessus. En vous aidant du papier, enroulez à nouveau la roulade et saupoudrez de sucre glace avant de servir.

Rouleau suisse à l'orange et aux amandes

Donne un rouleau de 20 cm/8 po

4 œufs, séparés

225 g/8 oz/1 tasse de sucre en poudre (superfin)

60 ml/4 cuillères à soupe de jus d'orange

150 g/5 oz/1¼ tasse de farine ordinaire (tout usage)

5 ml/1 cuillère à café de levure chimique

Une pincée de sel

5 ml/1 cuillère à café d'essence de vanille (extrait)

le zeste râpé de ½ orange

Sucre semoule (surfin) pour saupoudrer

Pour le remplissage:

2 oranges

30 ml/2 cuillères à soupe de gélatine en poudre

120 ml/4 oz/½ tasse d'eau

250 ml/8 oz/1 tasse de jus d'orange

100 g/4 oz/½ tasse de sucre en poudre (superfin)

4 jaunes d'œufs

250 ml/8 fl oz/1 tasse de crème double (lourde)

100 g/4 oz/⅓ tasse de confiture d'abricots (conservée), tamisée (filtrée)

15 ml/1 cuillère à soupe d'eau

100 g/4 oz/1 tasse d'amandes effilées (effilées), grillées

Battre ensemble les jaunes d'œufs, le sucre semoule et le jus d'orange jusqu'à ce qu'ils soient pâles et mousseux. Incorporer progressivement la farine et la levure chimique à l'aide d'une cuillère en métal. Fouettez les blancs d'œufs et le sel jusqu'à ce qu'ils soient fermes, puis incorporez-les au mélange avec l'essence de vanille et le zeste d'orange râpé à l'aide d'une cuillère en métal. Verser dans un moule à roulé de 30 x 20 cm/12 x 8 po graissé et chemisé et cuire dans un four préchauffé à 200°C/400°F/thermostat 6 pendant 10 minutes jusqu'à ce qu'il soit élastique au toucher. Démoulez sur un torchon propre (torchon), saupoudré de sucre semoule. Retirez le papier de revêtement, coupez les bords et passez un couteau à environ 2,5 cm du bord court, en coupant à mi-chemin du gâteau. Rouler le gâteau à partir du bord coupé. Laisser refroidir.

Pour faire la garniture, râpez le zeste d'une orange. Pelez les deux oranges et retirez la peau et les membranes. Couper les segments en deux et laisser égoutter. Saupoudrer la gélatine sur l'eau dans un bol et laisser jusqu'à consistance spongieuse. Placez le bol dans une casserole d'eau chaude jusqu'à dissolution. Laisser refroidir légèrement. Battez le jus et le zeste d'orange avec le sucre et les jaunes d'œufs dans un bol résistant à la chaleur, placez-le sur une casserole d'eau frémissante, jusqu'à consistance épaisse et crémeuse. Retirer du feu et incorporer la gélatine. Remuer de temps en temps jusqu'à refroidissement. Fouetter la crème jusqu'à consistance ferme, puis l'incorporer au mélange et réfrigérer.

Déroulez le gâteau, nappez-le de crème à l'orange et parsemez de quartiers d'orange. Rouler à nouveau. Faire chauffer la confiture avec l'eau jusqu'à ce qu'elle soit bien mélangée. Badigeonner le gâteau et saupoudrer d'amandes grillées en appuyant légèrement.

Roulé suisse aux fraises dos à dos

Donne un rouleau de 20 cm/8 po

3 oeufs

75 g/3 oz/1/3 tasse de sucre en poudre (superfin)

75 g/3 oz/¾ tasse de farine auto-levante (auto-levante)

Sucre semoule (surfin) pour saupoudrer

75 ml/5 cuillères à soupe de confiture de framboises (conserver)

150 ml/¼ pt/2/3 tasse de crème à fouetter ou double (épaisse)

100 g/4 onces de fraises

Fouettez ensemble les œufs et le sucre pendant environ 10 minutes jusqu'à ce qu'ils soient très pâles et épais, et le mélange s'écoule du fouet en rubans. Incorporer la farine et verser dans un moule à roulé graissé et tapissé de 30 x 20 cm/12 x 8 po. Cuire dans un four préchauffé à 200°C/400°F/thermostat 4 pendant 10 minutes jusqu'à ce qu'ils soient bien gonflés et fermes au toucher. Saupoudrer un torchon propre (torchon) de sucre semoule et renverser le gâteau sur le torchon. Retirez le papier de revêtement, coupez les bords et passez un couteau à environ 2,5 cm du bord court, en coupant à mi-chemin du gâteau. Rouler le gâteau à partir du bord coupé. Laisser refroidir.

Déballez le gâteau et tartinez-le de confiture, puis roulez-le à nouveau. Coupez le gâteau en deux dans le sens de la longueur et placez les côtés arrondis ensemble sur une assiette de service avec les côtés coupés vers l'extérieur. Fouetter la crème jusqu'à ce qu'elle soit ferme, puis la pocher sur le dessus et les côtés du gâteau. Tranchez ou coupez les fraises en quatre si elles sont grosses et disposez-les de manière décorative sur le dessus du gâteau.

Gâteau au chocolat tout-en-un

Donne un gâteau de 20 cm/8 po

100 g/4 oz/½ tasse de beurre ou de margarine, ramolli

100 g/4 oz/½ tasse de sucre en poudre (superfin)

100 g/4 oz/1 tasse de farine auto-levante (auto-levante)

15 ml/1 cuillère à soupe de poudre de cacao (chocolat non sucré)

2,5 ml/½ cuillère à café de levure chimique

2 oeufs

Mélanger tous les ingrédients jusqu'à ce qu'ils soient bien mélangés. Verser dans un moule à gâteau de 20 cm/8 po graissé et chemisé et cuire dans un four préchauffé à 180°C/350°F/thermostat 4 pendant 30 minutes jusqu'à ce qu'il soit bien gonflé et élastique au toucher.

Pain au chocolat et aux bananes

Donne un pain de 900 g/2 lb

150 g/5 oz/2/3 tasse de beurre ou de margarine

150 g/5 oz/2/3 tasse de cassonade douce

150 g/5 oz/1¼ tasse de chocolat nature (mi-sucré)

2 bananes, écrasées

3 oeufs, battus

200 g/7 oz/1¾ tasse de farine ordinaire (tout usage)

10 ml / 2 cuillères à café de levure chimique

Faire fondre le beurre ou la margarine avec le sucre et le chocolat. Retirer du feu, puis incorporer les bananes, les œufs, la farine et la levure chimique jusqu'à consistance lisse. Verser dans un moule à cake de 900 g/2 lb graissé et chemisé et cuire dans un four préchauffé à 150°C/300°F/thermostat 3 pendant 1 heure jusqu'à ce qu'il soit élastique au toucher. Laisser refroidir dans le moule 5 minutes avant de démouler pour finir de refroidir sur une grille.

Gâteau au chocolat et aux amandes

Donne un gâteau de 20 cm/8 po

100 g/4 oz/½ tasse de beurre ou de margarine, ramolli

100 g/4 oz/½ tasse de sucre en poudre (superfin)

2 oeufs, légèrement battus

2,5 ml/½ cuillère à café d'essence d'amande (extrait)

100 g/4 oz/1 tasse de farine auto-levante (auto-levante)

25 g/1 oz/¼ tasse de poudre de cacao (chocolat non sucré)

2,5 ml/½ cuillère à café de levure chimique

45 ml/3 cuillères à soupe d'amandes moulues

60 ml/4 cuillères à soupe de lait

Sucre glace (de confiserie) pour saupoudrer

Crémer ensemble le beurre ou la margarine et le sucre jusqu'à consistance légère et mousseuse. Incorporer progressivement les œufs et l'essence d'amande, puis incorporer la farine, le cacao et la levure chimique. Incorporer les amandes moulues et suffisamment de lait pour obtenir une consistance molle. Versez le mélange dans un moule à gâteau de 20 cm/8 po graissé et chemisé et faites cuire dans un four préchauffé à 200 °C/400 °F/thermostat 6 pendant 15 à 20 minutes jusqu'à ce qu'il soit bien gonflé et élastique au toucher. Servir saupoudré de sucre glace.

Gâteau au chocolat glacé aux amandes

Donne un gâteau de 23 cm/9 po

225 g/8 oz/2 tasses de chocolat nature (mi-sucré)

225 g/8 oz/1 tasse de beurre ou de margarine, ramolli

225 g/8 oz/1 tasse de sucre en poudre (superfin)

5 œufs, séparés

225 g/8 oz/2 tasses de farine auto-levante (auto-levante)

100 g/4 oz/1 tasse d'amandes moulues

Pour le glaçage (glaçage) :

175 g/6 oz/1 tasse de sucre glace (de confiserie)

25 g/1 oz/¼ tasse de poudre de cacao (chocolat non sucré)

30 ml/2 cuillères à soupe de Cointreau

30 ml/2 cuillères à soupe d'eau

Amandes blanchies pour décorer

Faire fondre le chocolat dans un bol résistant à la chaleur placé au-dessus d'une casserole d'eau frémissante. Laisser refroidir légèrement. Crémer ensemble le beurre ou la margarine et le sucre jusqu'à consistance légère et mousseuse. Battre les jaunes d'œufs, puis verser le chocolat fondu. Incorporer la farine et la poudre d'amandes. Battez les blancs d'œufs en neige ferme, puis incorporez-les progressivement au mélange de chocolat. Verser dans un moule à cake graissé et chemisé de 23 cm/9 po et cuire dans un four préchauffé à 180°C/350°F/thermostat 4 pendant 1h15 jusqu'à ce qu'il soit bien gonflé et élastique au toucher. Laisser refroidir.

Pour faire le glaçage, mélanger le sucre glace et le cacao et faire un puits au centre. Faire chauffer le Cointreau et l'eau, puis incorporer progressivement une quantité suffisante de liquide au sucre glace pour obtenir un glaçage à tartiner. Lisser le gâteau et marquer un motif dans le glaçage avant qu'il ne refroidisse. Décorer d'amandes.

Gâteau des anges au chocolat

Donne un gâteau de 900 g/2 lb

6 blancs d'œufs

Une pincée de sel

5 ml/1 cuillère à café de crème de tartre

450 g/1 lb/2 tasses de sucre en poudre (superfin)

2,5 ml/½ cuillère à café de jus de citron

Quelques gouttes d'essence de vanille (extrait)

100 g/4 oz/1 tasse de farine ordinaire (tout usage)

50 g/2 oz/½ tasse de poudre de cacao (chocolat non sucré)

5 ml/1 cuillère à café de levure chimique

Pour le glaçage (glaçage) :

175 g/6 oz/1 tasse de sucre glace (de confiserie), tamisé

5 ml/1 cuillère à café de poudre de cacao (chocolat non sucré)

Quelques gouttes d'essence de vanille (extrait)

30 ml/2 cuillères à soupe de lait

Battre les blancs d'œufs et le sel jusqu'à ce qu'ils forment des pics mous. Ajouter la crème de tartre et battre jusqu'à consistance ferme. Incorporer le sucre, le jus de citron et l'essence de vanille. Mélanger la farine, le cacao et la levure chimique, puis l'incorporer au mélange. Verser dans un moule à cake de 900 g/2 lb graissé et chemisé et cuire au four préchauffé à 180°C/350°F/thermostat 4 pendant 1 heure jusqu'à consistance ferme. Retirer immédiatement du moule et laisser refroidir sur une grille.

Pour faire le glaçage, battre ensemble tous les ingrédients du glaçage jusqu'à consistance lisse, en ajoutant le lait un peu à la fois. Verser sur le gâteau refroidi.

Gâteau au chocolat américain

Donne un gâteau de 23 cm/9 po

175 g/6 oz/1½ tasse de farine ordinaire (tout usage)

45 ml/3 cuillères à soupe de poudre de cacao (chocolat non sucré)

5 ml/1 cuillère à café de bicarbonate de soude (bicarbonate de soude)

225 g/8 oz/1 tasse de sucre en poudre (superfin)

75 ml/5 cuillères à soupe d'huile

15 ml/1 cuillère à soupe de vinaigre de vin blanc

5 ml/1 cuillère à café d'essence de vanille (extrait)

250 ml/8 fl oz/1 tasse d'eau froide

Pour le glaçage (glaçage) :

50 g/2 oz/¼ tasse de fromage à la crème

30 ml/2 cuillères à soupe de beurre ou de margarine

2,5 ml/½ cuillère à café d'essence de vanille (extrait)

175 g/6 oz/1 tasse de sucre glace (de confiserie), tamisé

Mélanger les ingrédients secs et faire un puits au centre. Verser l'huile, le vinaigre de vin et l'essence de vanille et bien mélanger. Incorporer l'eau froide et mélanger à nouveau jusqu'à consistance lisse. Verser dans un moule beurré de 23 cm/9 po et faire cuire dans un four préchauffé à 180°C/350°F/thermostat 4 pendant 30 minutes. Laisser refroidir.

Pour faire le glaçage, battre ensemble le fromage à la crème, le beurre ou la margarine et l'essence de vanille jusqu'à consistance légère et mousseuse. Incorporer graduellement le sucre glace jusqu'à consistance lisse. Répartir sur le dessus du gâteau.

Gâteau aux pommes au chocolat

Donne un gâteau de 20 cm/8 po

2 pommes à cuire (tartes)

Jus de citron

100 g/4 oz/½ tasse de beurre ou de margarine, ramolli

225 g/8 oz/1 tasse de sucre en poudre (superfin)

2 oeufs, légèrement battus

5 ml/1 cuillère à café d'essence de vanille (extrait)

250 g/9 oz/2¼ tasses de farine ordinaire (tout usage)

25 g/1 oz/¼ tasse de poudre de cacao (chocolat non sucré)

5 ml/1 cuillère à café de levure chimique

5 ml/1 cuillère à café de bicarbonate de soude (bicarbonate de soude)

150 ml/¼ pt/2/3 tasse de lait

Pour le glaçage (glaçage) :

450 g/1 lb/22/3 tasses de sucre à glacer (de confiserie), tamisé

25 g/1 oz/¼ tasse de poudre de cacao (chocolat non sucré)

50 g/2 oz/¼ tasse de beurre ou de margarine

75 ml/5 cuillères à soupe de lait

Peler, épépiner et hacher finement les pommes, puis arroser d'un peu de jus de citron. Crémer ensemble le beurre ou la margarine et le sucre jusqu'à consistance légère et mousseuse. Incorporer progressivement les œufs et l'essence de vanille, puis incorporer la farine, le cacao, la levure chimique et le bicarbonate de soude en alternance avec le lait jusqu'à ce que le tout soit bien mélangé. Incorporer les pommes hachées. Verser dans un moule à cake beurré et chemisé de 20 cm/8 po et cuire dans un four préchauffé à 180°C/350°F/thermostat 4 pendant 45 minutes jusqu'à ce qu'un cure-dent inséré au centre en ressorte propre. Laisser refroidir dans le moule pendant 10 minutes, puis démouler sur une grille pour terminer le refroidissement.

Pour faire le glaçage, battre ensemble le sucre glace, le cacao et le beurre ou la margarine, en ajoutant juste assez de lait pour rendre le mélange lisse et crémeux. Répartir sur le dessus et les côtés du gâteau et tracer des motifs avec une fourchette.

Gâteau Brownie Au Chocolat

Donne un gâteau de 38 x 25 cm/15 x 10 po

100 g/4 oz/½ tasse de beurre ou de margarine

100 g/4 oz/½ tasse de saindoux (shortening)

250 ml/8 oz/1 tasse d'eau

25 g/1 oz/¼ tasse de poudre de cacao (chocolat non sucré)

225 g/8 oz/2 tasses de farine ordinaire (tout usage)

450 g/1 lb/2 tasses de sucre en poudre (superfin)

120 ml/4 oz/½ tasse de babeurre

2 œufs, battus

5 ml/1 cuillère à café de bicarbonate de soude (bicarbonate de soude)

Une pincée de sel

5 ml/1 cuillère à café d'essence de vanille (extrait)

Faire fondre le beurre ou la margarine, le saindoux, l'eau et le cacao dans une petite casserole. Mélanger la farine et le sucre dans un bol, verser le mélange fondu et bien mélanger. Incorporer le reste des ingrédients et battre jusqu'à ce qu'ils soient bien mélangés. Verser dans un moule à roulé graissé et fariné et cuire au four préchauffé à 200°C/400°F/thermostat 6 pendant 20 minutes jusqu'à ce qu'il soit élastique au toucher.

Gâteau au chocolat et au babeurre

Donne un gâteau de 23 cm/9 po

225 g/8 oz/2 tasses de farine auto-levante (auto-levante)

350 g/12 oz/1½ tasse de sucre en poudre (superfin)

5 ml/1 cuillère à café de bicarbonate de soude (bicarbonate de soude)

2,5 ml/½ cuillère à café de sel

100 g/4 oz/½ tasse de beurre ou de margarine

250 ml/8 oz/1 tasse de babeurre

2 oeufs

50 g/2 oz/½ tasse de poudre de cacao (chocolat non sucré)

Glaçage velours américain

Mélanger la farine, le sucre, le bicarbonate de soude et le sel. Frotter le beurre ou la margarine jusqu'à ce que le mélange ressemble à de la chapelure, puis incorporer le babeurre, les œufs et le cacao et continuer à battre jusqu'à consistance lisse. Répartir le mélange dans deux moules à sandwich de 23 cm/9 po graissés et chemisés et cuire dans un four préchauffé à 180°C/350°F/thermostat 4 pendant 30 minutes jusqu'à ce qu'un cure-dent inséré au centre en ressorte propre. Sandwich avec la moitié de l'American Velvet Frosting et recouvrir le gâteau avec le reste. Laisser prendre.

Gâteau aux pépites de chocolat et aux amandes

Donne un gâteau de 20 cm/8 po

175 g/6 oz/¾ tasse de beurre ou de margarine, ramolli

175 g/6 oz/¾ tasse de sucre en poudre (superfin)

3 œufs, légèrement battus

225 g/8 oz/2 tasses de farine auto-levante (auto-levante)

50 g/2 oz/½ tasse d'amandes moulues

100 g/4 oz/1 tasse de pépites de chocolat

30 ml/2 cuillères à soupe de lait

25 g/1 oz/¼ tasse d'amandes effilées (effilées)

Crémer ensemble le beurre ou la margarine et le sucre jusqu'à consistance légère et mousseuse. Incorporer les œufs petit à petit, puis incorporer la farine, la poudre d'amandes et les pépites de chocolat. Incorporer suffisamment de lait pour donner une consistance de goutte, puis incorporer les amandes effilées. Verser dans un moule à cake de 20 cm de diamètre graissé et chemisé et faire cuire dans un four préchauffé à 180°C/350°F/thermostat 4 pendant 1 heure jusqu'à ce qu'un cure-dent inséré au centre en ressorte propre. Laisser refroidir dans le moule pendant 5 minutes, puis démouler sur une grille pour terminer le refroidissement.

Gâteau à la crème au chocolat

Donne un gâteau de 18 cm/7 po

4 œufs

100 g/4 oz/½ tasse de sucre en poudre (superfin)

60 g/2½ oz/2/3 tasse de farine ordinaire (tout usage)

25 g/1 oz/¼ tasse de poudre de chocolat à boire

150 ml/¼ pt/2/3 tasse de crème double (épaisse)

Fouetter ensemble les œufs et le sucre jusqu'à consistance légère et mousseuse. Incorporer la farine et le chocolat à boire. Répartir le mélange dans deux moules à sandwich de 18 cm/7 po graissés et chemisés et cuire dans un four préchauffé à 200°C/400°F/thermostat 6 pendant 15 minutes jusqu'à ce qu'ils soient élastiques au toucher. Refroidir sur une grille. Fouetter la crème jusqu'à ce qu'elle soit ferme, puis prendre les gâteaux en sandwich avec la crème.

Gâteau au chocolat aux dattes

Donne un gâteau de 20 cm/8 po

25 g/1 oz/1 carré de chocolat nature (mi-sucré)

175 g/6 oz/1 tasse de dattes dénoyautées (dénoyautées), hachées

5 ml/1 cuillère à café de bicarbonate de soude (bicarbonate de soude)

375 ml/13 fl oz/1½ tasse d'eau bouillante

175 g/6 oz/¾ tasse de beurre ou de margarine, ramolli

225 g/8 oz/1 tasse de sucre en poudre (superfin)

2 œufs, battus

175 g/6 oz/1½ tasse de farine ordinaire (tout usage)

2,5 ml/½ cuillère à café de sel

50 g/2 oz/¼ tasse de sucre cristallisé

100 g/4 oz/1 tasse de pépites de chocolat nature (mi-sucré)

Mélanger le chocolat, les dattes, le bicarbonate de soude et l'eau bouillante et remuer jusqu'à ce que le chocolat soit fondu. Crémer ensemble le beurre ou la margarine et le sucre jusqu'à consistance légère et mousseuse. Incorporer les oeufs petit à petit. Incorporer la farine et le sel en alternance avec le mélange de chocolat et remuer jusqu'à ce que le tout soit bien mélangé. Verser dans un moule à cake carré de 20 cm de diamètre beurré et fariné. Mélanger le sucre cristallisé et les pépites de chocolat et saupoudrer sur le dessus. Cuire dans un four préchauffé à 160°C/325°F/thermostat 3 pendant 45 minutes jusqu'à ce qu'un cure-dent inséré au centre en ressorte propre.

Gâteau au chocolat familial

Donne un gâteau de 23 cm/9 po

100 g/4 oz/½ tasse de beurre ou de margarine, ramolli

175 g/6 oz/¾ tasse de sucre en poudre (superfin)

2 oeufs, légèrement battus

5 ml/1 cuillère à café d'essence de vanille (extrait)

225 g/8 oz/2 tasses de farine ordinaire (tout usage)

45 ml/3 cuillères à soupe de poudre de cacao (chocolat non sucré)

10 ml / 2 cuillères à café de levure chimique

2,5 ml/½ cuillère à café de bicarbonate de soude (bicarbonate de soude)

Une pincée de sel

150 ml/8 oz/1 tasse d'eau

Crémer ensemble le beurre ou la margarine et le sucre jusqu'à consistance légère et mousseuse. Incorporer progressivement les œufs et l'essence de vanille, puis incorporer la farine, le cacao, la levure chimique, le bicarbonate de soude et le sel en alternance avec l'eau jusqu'à obtention d'une pâte lisse. Verser dans un moule à gâteau graissé et tapissé de 23 cm/9 po et cuire dans un four préchauffé à 220°C/425°F/thermostat 7 pendant 20 à 25 minutes jusqu'à ce qu'il soit bien gonflé et élastique au toucher.

Gâteau du diable avec glaçage à la guimauve

Donne un gâteau de 18 cm/7 po

100 g/4 oz/½ tasse de beurre ou de margarine, ramolli

100 g/4 oz/½ tasse de sucre en poudre (superfin)

2 oeufs, légèrement battus

75 g/3 oz/1/3 tasse de farine auto-levante (auto-levante)

15 ml/1 cuillère à soupe de poudre de cacao (chocolat non sucré)

Une pincée de sel

Pour le glaçage (glaçage) :

100 g/4 oz de guimauves

30 ml/2 cuillères à soupe de lait

2 blancs d'œufs

25 g/1 oz/2 cuillères à soupe de sucre en poudre (superfin)

Chocolat râpé pour décorer

Crémer ensemble le beurre ou la margarine et le sucre jusqu'à consistance légère et mousseuse. Incorporer les œufs petit à petit, puis incorporer la farine, le cacao et le sel. Répartir le mélange dans deux moules à sandwich de 18 cm/7 po graissés et chemisés et cuire dans un four préchauffé à 180°C/350°F/thermostat 4 pendant 25 minutes jusqu'à ce qu'ils soient bien gonflés et élastiques au toucher. Laisser refroidir.

Faire fondre les guimauves avec le lait à feu doux en remuant de temps en temps puis laisser refroidir. Battre les blancs d'œufs en neige ferme, puis incorporer le sucre et battre à nouveau jusqu'à ce qu'ils soient fermes et brillants. Incorporer au mélange de guimauve et laisser prendre légèrement. Sandwichez les gâteaux avec un tiers du glaçage à la guimauve, puis étalez le reste sur le dessus et les côtés du gâteau et décorez avec du chocolat râpé.

Gâteau au chocolat de rêve

Donne un gâteau de 23 cm/9 po

225 g/8 oz/2 tasses de chocolat nature (mi-sucré)

30 ml/2 cuillères à soupe de poudre de café instantané

45 ml/3 cuillères à soupe d'eau

4 œufs, séparés

150 g/5 oz/2/3 tasse de beurre ou de margarine, coupé en dés

Une pincée de sel

100 g/4 oz/½ tasse de sucre en poudre (superfin)

50 g/2 oz/½ tasse de farine de maïs (amidon de maïs)

Pour la déco :

150 ml/¼ pt/2/3 tasse de crème double (épaisse)

25 g/1 oz/3 cuillères à soupe de sucre glace (pâtisserie)

175 g/6 oz/1½ tasse de noix de Grenoble, hachées

Faire fondre le chocolat, le café et l'eau ensemble dans un bol résistant à la chaleur placé au-dessus d'une casserole d'eau frémissante. Retirer du feu et incorporer progressivement les jaunes d'œufs. Incorporer le beurre un morceau à la fois jusqu'à ce qu'il soit fondu dans le mélange. Battre ensemble les blancs d'œufs et le sel jusqu'à ce qu'ils forment des pics mous. Ajouter délicatement le sucre et battre jusqu'à consistance ferme. Battre dans la maïzena. Incorporer une cuillerée du mélange au chocolat, puis incorporer le chocolat aux blancs d'œufs restants. Verser dans un moule à gâteau de 23 cm/9 po graissé et chemisé et cuire dans un four préchauffé à 180°C/350°F/thermostat 4 pendant 45 minutes jusqu'à ce qu'il soit bien gonflé et juste élastique au toucher. Retirer du four et laisser refroidir légèrement avant de retirer du moule; le gâteau va craquer et couler. Laisser refroidir complètement.

Battre la crème jusqu'à ce qu'elle soit ferme, puis incorporer le sucre. Étalez un peu de crème autour du bord du gâteau et pressez les noix hachées pour décorer. Étaler ou pocher le reste de crème sur le dessus.

Gâteau au chocolat flottant

Donne un gâteau de 23 x 30 cm/9 x 12 po

2 œufs, séparés

350 g/12 oz/1½ tasse de sucre en poudre (superfin)

200 g/7 oz/1¾ tasses de farine auto-levante (auto-levante)

2,5 ml/½ cuillère à café de bicarbonate de soude (bicarbonate de soude)

2,5 ml/½ cuillère à café de sel

60 ml/4 cuillères à soupe de poudre de cacao (chocolat non sucré)

75 ml/5 cuillères à soupe d'huile

250 ml/8 oz/1 tasse de babeurre

Bats les blancs d'oeufs en neige. Incorporer graduellement 100 g/4 oz/½ tasse de sucre et battre jusqu'à consistance ferme et brillante. Mélanger le sucre restant, la farine, le bicarbonate de soude, le sel et le cacao. Battre les jaunes d'œufs, l'huile et le babeurre. Incorporer délicatement les blancs d'œufs. Verser dans un moule à cake graissé et fariné de 23 x 32 cm/ 9 x 12 po et cuire au four préchauffé à 180°C/350°F/thermostat 4 pendant 40 minutes jusqu'à ce qu'un cure-dent inséré au centre en ressorte faire le ménage.

Gâteau aux noisettes et au chocolat

Donne un gâteau de 25 cm/10 po

100 g/4 oz/1 tasse de noisettes

175 g/6 oz/¾ tasse de sucre en poudre (superfin)

175 g/6 oz/1½ tasse de farine ordinaire (tout usage)

50 g/2 oz/½ tasse de poudre de cacao (chocolat non sucré)

5 ml/1 cuillère à café de levure chimique

Une pincée de sel

2 oeufs, légèrement battus

2 blancs d'œufs

175 ml/6 oz liq./¾ tasse d'huile

60 ml/4 cuillères à soupe de café noir fort froid

Étalez les noisettes dans un moule à cake et faites cuire dans un four préchauffé à 180°C/350°F/thermostat 4 pendant 15 minutes jusqu'à ce qu'elles soient dorées. Frottez vivement dans un torchon (torchon) pour enlever la peau, puis hachez finement les noix au robot culinaire avec 15 ml/1 cuillère à soupe de sucre. Mélanger les noix avec la farine, le cacao, la levure chimique et le sel. Battre ensemble les œufs et les blancs d'œufs jusqu'à consistance mousseuse. Ajouter le reste du sucre petit à petit et continuer à battre jusqu'à ce que le mélange blanchisse.

Incorporer progressivement l'huile, puis le café. Incorporer les ingrédients secs, puis verser dans un moule à gâteau à fond amovible de 25 cm/10 po graissé et chemisé et faire cuire dans un four préchauffé à 180°C/350°F/thermostat 4 pendant 30 minutes jusqu'à ce qu'il soit élastique. le toucher.

Gâteau fondant au chocolat

Donne un gâteau de 900 g/2 lb

60 ml/4 cuillères à soupe de poudre de cacao (chocolat non sucré)

100 g/4 oz/½ tasse de beurre ou de margarine

120 ml/4 oz/½ tasse d'huile

250 ml/8 oz/1 tasse d'eau

350 g/12 oz/1½ tasse de sucre en poudre (superfin)

225 g/8 oz/2 tasses de farine auto-levante (auto-levante)

2 œufs, battus

120 ml/4 oz/½ tasse de lait

2,5 ml/½ cuillère à café de bicarbonate de soude (bicarbonate de soude)

5 ml/1 cuillère à café d'essence de vanille (extrait)

Pour le glaçage (glaçage) :

60 ml/4 cuillères à soupe de poudre de cacao (chocolat non sucré)

100 g/4 oz/½ tasse de beurre ou de margarine

60 ml/4 cuillères à soupe de lait évaporé

450 g/1 lb/22/3 tasses de sucre à glacer (de confiserie), tamisé

5 ml/1 cuillère à café d'essence de vanille (extrait)

100 g/4 oz/1 tasse de chocolat nature (mi-sucré)

Mettez le cacao, le beurre ou la margarine, l'huile et l'eau dans une casserole et portez à ébullition. Retirer du feu et incorporer le sucre et la farine. Battre ensemble les œufs, le lait, le bicarbonate de soude et l'essence de vanille, puis ajouter au mélange dans la casserole. Verser dans un moule à cake de 900 g/ 2 lb graissé et chemisé et cuire dans un four préchauffé à 180°C/350°F/thermostat 4 pendant 1h15 jusqu'à ce qu'il soit bien gonflé et élastique au toucher. Démoulez et laissez refroidir sur une grille.

Pour faire le glaçage, porter à ébullition tous les ingrédients dans une casserole de taille moyenne. Battre jusqu'à consistance lisse, puis verser sur le gâteau encore chaud. Laisser prendre.

Gâteau au chocolat

Donne un gâteau de 23 cm/9 po

150 g/5 oz/1¼ tasse de chocolat nature (mi-sucré)

150 g/5 oz/2/3 tasse de beurre ou de margarine, ramolli

150 g/5 oz/2/3 tasse de sucre en poudre (superfin)

75 g/3 oz/¾ tasse d'amandes moulues

3 œufs, séparés

100 g/4 oz/1 tasse de farine ordinaire (tout usage)

Pour le remplissage et la garniture :

300 ml/½ pt/1¼ tasse de crème double (épaisse)

200 g/7 oz/1¾ tasse de chocolat nature (mi-sucré), haché

Éclat de chocolat émietté

Faire fondre le chocolat dans un bol résistant à la chaleur au-dessus d'une casserole d'eau frémissante. Battre ensemble le beurre ou la margarine et le sucre, puis incorporer le chocolat, les amandes et les jaunes d'œufs. Fouetter les blancs d'œufs jusqu'à ce qu'ils forment des pics mous, puis les incorporer au mélange à l'aide d'une cuillère en métal. Incorporer délicatement la farine. Verser dans un moule à gâteau graissé de 23 cm/9 po et cuire dans un four préchauffé à 180°C/350°F/thermostat 4 pendant 40 minutes jusqu'à ce qu'il soit élastique au toucher.

Pendant ce temps, porter la crème à ébullition, puis ajouter le chocolat haché et remuer jusqu'à ce qu'il soit fondu. Laisser refroidir. Lorsque le gâteau est cuit et refroidi, coupez-le horizontalement et sandwichez-le avec la moitié de la crème au chocolat. Répartir le reste sur le dessus et décorer de copeaux de chocolat émiettés.

Gâteau au chocolat italien

Donne un gâteau de 23 cm/9 po

100 g/4 oz/½ tasse de beurre ou de margarine

225 g/8 oz/1 tasse de cassonade douce

30 ml/2 cuillères à soupe de poudre de cacao (chocolat non sucré)

3 œufs, bien battus

75 g/3 oz/¾ tasse de chocolat nature (mi-sucré)

150 ml/4 oz/½ tasse d'eau bouillante

400 g/14 oz/3½ tasses de farine ordinaire (tout usage)

5 ml/1 cuillère à café de levure chimique

Une pincée de sel

10 ml/2 càc d'essence de vanille (extrait)

175 ml/6 fl oz/¾ tasse de crème liquide (légère)

150 ml/¼ pt/2/3 tasse de crème double (épaisse)

Crémer ensemble le beurre ou la margarine, le sucre et le cacao. Incorporer les oeufs petit à petit. Faire fondre le chocolat dans l'eau bouillante, puis l'ajouter au mélange. Incorporer la farine, la levure chimique et le sel. Incorporer l'essence de vanille et la crème liquide. Répartir dans deux moules à cake graissés et chemisés de 23 cm/9 po et faire cuire dans un four préchauffé à

180°C/350°F/thermostat 4 pendant 25 minutes jusqu'à ce qu'ils soient bien gonflés et élastiques au toucher. Laisser refroidir dans les moules pendant 5 minutes, puis démouler sur une grille pour terminer le refroidissement. Fouettez la crème double jusqu'à ce qu'elle soit ferme, puis utilisez-la pour prendre les gâteaux en sandwich.

Gâteau glacé au chocolat et aux noisettes

Donne un gâteau de 23 cm/9 po

150 g/5 oz/1¼ tasse de noisettes, pelées

225 g/8 oz/1 tasse de sucre cristallisé

15 ml/1 cuillère à soupe de poudre de café instantané

60 ml/4 cuillères à soupe d'eau

175 g/6 oz/1½ tasse de chocolat nature (mi-sucré), brisé

5 ml/1 cuillère à café d'essence d'amande (extrait)

100 g/4 oz/½ tasse de beurre ou de margarine, ramolli

8 œufs, séparés

45 ml/3 cuillères à soupe de chapelure de biscuits digestifs (Graham cracker)

Pour le glaçage (glaçage) :

175 g/6 oz/1½ tasse de chocolat nature (mi-sucré), brisé

60 ml/4 cuillères à soupe d'eau

15 ml/1 cuillère à soupe de poudre de café instantané

225 g/8 oz/1 tasse de beurre ou de margarine, ramolli

3 jaunes d'œufs

175 g/6 oz/1 tasse de sucre glace (de confiserie)

Chocolat râpé pour décorer (facultatif)

Faire griller les noisettes dans une poêle à sec jusqu'à ce qu'elles soient légèrement dorées, en secouant la poêle de temps en temps, puis broyer jusqu'à ce qu'elles soient assez fines. Réserver 45 ml/3 cuillères à soupe pour le glaçage.

Faites dissoudre le sucre et le café dans l'eau à feu doux en remuant pendant 3 minutes. Retirer du feu et incorporer le chocolat et l'essence d'amande. Remuer jusqu'à ce qu'il soit fondu et lisse, puis laisser refroidir légèrement. Battre le beurre ou la margarine jusqu'à ce qu'ils soient légers et mousseux, puis incorporer graduellement les jaunes d'œufs. Incorporer les noisettes et les miettes de biscuits. Battre les blancs d'œufs en neige ferme, puis les incorporer au mélange. Répartir dans deux moules à cake graissés et tapissés de 23 cm/9 po et faire cuire dans un four préchauffé à 180°C/350°F/thermostat 4 pendant 25 minutes jusqu'à ce que le gâteau commence à se décoller des parois du moule et se sent élastique au toucher.

Pour faire le glaçage, faire fondre le chocolat, l'eau et le café à feu doux en remuant jusqu'à consistance lisse. Laisser refroidir. Crémer le beurre ou la margarine jusqu'à consistance légère et mousseuse. Incorporer progressivement les jaunes d'œufs, puis le mélange au chocolat. Battre le sucre glace. Réfrigérer jusqu'à l'obtention d'une consistance tartinable.

Sandwichez les gâteaux avec la moitié du glaçage, puis étalez la moitié du reste sur les côtés du gâteau et pressez les noisettes réservées sur les côtés. Couvrir le dessus du gâteau avec une fine couche de glaçage et pocher des rosettes de glaçage autour du bord. Décorer avec du chocolat râpé, si désiré.

Gâteau italien au chocolat et à la crème de brandy

Donne un gâteau de 23 cm/9 po

400 g/14 oz/3½ tasses de chocolat nature (mi-sucré)

400 ml/14 fl oz/1¾ tasses de crème double (lourde)

600 ml/1 pt/2½ tasses de café noir fort et froid

75 ml/5 cuillères à soupe de cognac ou d'amaretto

400 g/14 oz de biscuits biscuits biscuits

Faire fondre le chocolat dans un bol résistant à la chaleur placé au-dessus d'une casserole d'eau frémissante. Retirer du feu et laisser refroidir. Pendant ce temps, battre la crème jusqu'à consistance ferme. Battre le chocolat dans la crème. Mélangez le café et le brandy ou l'amaretto. Tremper un tiers des boudins de biscuits dans le mélange pour les humecter et les utiliser pour tapisser un moule à cake de 23 cm à fond amovible et tapissé de papier d'aluminium. Tartiner de la moitié du mélange de crème.

Humidifiez et ajoutez une autre couche de biscuits, puis le reste de crème et enfin le reste de biscuits. Bien refroidir avant de retirer du moule pour servir.

mille-feuilles au chocolat

Donne un gâteau de 20 cm/8 po

75 g/3 oz/¾ tasse de chocolat nature (mi-sucré)

175 g/6 oz/¾ tasse de beurre ou de margarine, ramolli

175 g/6 oz/¾ tasse de sucre en poudre (superfin)

3 oeufs, légèrement battus

150 g/5 oz/1¼ tasses de farine auto-levante (auto-levante)

25 g/1 oz/¼ tasse de poudre de cacao (chocolat non sucré)

Pour le glaçage (glaçage) :

175 g/6 oz/1 tasse de sucre glace (de confiserie)

50 g/2 oz/½ tasse de poudre de cacao (chocolat non sucré)

175 g/6 oz/¾ tasse de beurre ou de margarine, ramolli

Chocolat râpé pour décorer

Faire fondre le chocolat dans un bol résistant à la chaleur placé au-dessus d'une casserole d'eau frémissante. Laisser refroidir légèrement. Battre ensemble le beurre ou la margarine et le sucre jusqu'à consistance légère et mousseuse. Incorporer les œufs petit à petit, puis incorporer la farine et le cacao et le chocolat fondu. Versez le mélange dans un moule à cake de 20 cm/8 po graissé et chemisé et faites cuire dans un four préchauffé à

180°C/350°F/thermostat 4 pendant 1h15 jusqu'à ce qu'il soit élastique au toucher. Laisser refroidir.

Pour faire le glaçage, battez ensemble le sucre glace, le cacao et le beurre ou la margarine jusqu'à obtenir un glaçage à tartiner. Lorsque le gâteau est froid, coupez-le horizontalement en trois et utilisez les deux tiers du glaçage pour prendre les trois couches en sandwich. Étalez le reste du glaçage sur le dessus, tracez un motif avec une fourchette et décorez avec du chocolat râpé.

Gâteau au chocolat moilleux

Donne un gâteau de 20 cm/8 po

200 g/7 oz/1¾ tasse de farine ordinaire (tout usage)

30 ml/2 cuillères à soupe de poudre de cacao (chocolat non sucré)

5 ml/1 cuillère à café de bicarbonate de soude (bicarbonate de soude)

5 ml/1 cuillère à café de levure chimique

150 g/5 oz/2/3 tasse de sucre en poudre (superfin)

30 ml/2 cuillères à soupe de sirop doré (maïs léger)

2 oeufs, légèrement battus

150 ml/¼ pt/2/3 tasse d'huile

150 ml/¼ pt/2/3 tasse de lait

150 ml/¼ pt/2/3 tasse de crème double (épaisse) ou à fouetter, fouettée

Battre tous les ingrédients sauf la crème en pâte. Verser dans deux moules à cake de 20 cm/8 po graissés et chemisés et cuire dans un four préchauffé à 160°C/325°F/thermostat 3 pendant 35 minutes jusqu'à ce qu'ils soient bien gonflés et élastiques au toucher. Laisser refroidir, puis en sandwich avec de la crème fouettée.

Gâteau Moka

Donne un gâteau de 23 x 30 cm/9 x 12 po

450 g/1 lb/2 tasses de sucre en poudre (superfin)

225 g/8 oz/2 tasses de farine ordinaire (tout usage)

75 g/3 oz/¾ tasse de poudre de cacao (chocolat non sucré)

10 ml/2 cuillères à café de bicarbonate de soude (bicarbonate de soude)

5 ml/1 cuillère à café de levure chimique

Une pincée de sel

120 ml/4 oz/½ tasse d'huile

250 ml/8 fl oz/1 tasse de café noir chaud

250 ml/8 oz/1 tasse de lait

2 oeufs, légèrement battus

Mélanger les ingrédients secs et faire un puits au centre. Incorporer le reste des ingrédients et mélanger jusqu'à ce que les ingrédients secs soient absorbés. Verser dans un moule à gâteau graissé et tapissé de 23 x 30 cm/9 x 12 po et cuire dans un four préchauffé à 180°C/ 350°F/thermostat 4 pendant 35 à 40 minutes jusqu'à ce qu'une brochette soit insérée au centre ressort propre.

Tarte à la boue

Donne un gâteau de 20 cm/8 po

225 g/8 oz/2 tasses de chocolat nature (mi-sucré)

225 g/8 oz/1 tasse de beurre ou de margarine

225 g/8 oz/1 tasse de sucre en poudre (superfin)

4 oeufs, légèrement battus

15 ml/1 cuillère à soupe de fécule de maïs (maïzena)

Faire fondre le chocolat et le beurre ou la margarine dans un bol résistant à la chaleur placé au-dessus d'une casserole d'eau frémissante. Retirer du feu et incorporer le sucre jusqu'à ce qu'il soit dissous, puis incorporer les œufs et la maïzena. Verser dans un moule à gâteau de 20 cm / 8 po graissé et chemisé et placer le moule dans un plat à rôtir contenant suffisamment d'eau chaude pour arriver à mi-hauteur des côtés du moule. Cuire dans un four préchauffé à 180°C/350°F/thermostat 4 pendant 1 heure. Retirer du plateau d'eau et laisser refroidir dans le moule, puis réfrigérer jusqu'au moment de démouler et de servir.

Mississippi Mud Pie à base de croquants

Donne un gâteau de 23 cm/9 po

75 g/3 oz/¾ tasse de miettes de biscuits au gingembre (biscuits)

75 g/3 oz/¾ tasse de chapelure de biscuits digestifs (biscuits Graham)

50 g/2 oz/¼ tasse de beurre ou de margarine, fondu

300 g/11 oz de guimauves

90 ml/6 cuillères à soupe de lait

2,5 ml/½ cuillère à café de noix de muscade râpée

60 ml/4 cuillères à soupe de rhum ou brandy

20 ml/4 cuillères à café de café noir fort

450 g/l lb/4 tasses de chocolat nature (mi-sucré)

450 ml/¾ pt/2 tasses de crème épaisse

Incorporer la chapelure de biscuits au beurre fondu et presser dans le fond d'un moule à cake graissé de 23 cm/9 po. Froideur. Faites fondre les guimauves avec le lait et la muscade à feu doux. Retirer du feu et laisser refroidir. Mélanger le rhum ou le brandy et le café. Pendant ce temps, faire fondre les trois quarts du chocolat dans un bol résistant à la chaleur posé sur une casserole d'eau frémissante. Retirer du feu et laisser refroidir. Fouetter la crème jusqu'à consistance ferme. Incorporer le chocolat et la crème au mélange de guimauve. Verser dans la base et lisser le dessus. Couvrir le film alimentaire (film plastique) et réfrigérer pendant 2 heures jusqu'à ce qu'il soit pris.

Faire fondre le reste du chocolat dans un bol résistant à la chaleur placé au-dessus d'une casserole d'eau frémissante. Étendre finement le chocolat sur une plaque à pâtisserie (à biscuits) et réfrigérer jusqu'à ce qu'il soit presque pris. Grattez un couteau bien aiguisé sur le chocolat pour le couper en boucles et utilisez-le pour décorer le dessus du gâteau.

Gâteau au chocolat et aux noix

Donne un gâteau de 20 cm/8 po

175 g/6 oz/1½ tasses d'amandes moulues

175 g/6 oz/¾ tasse de sucre en poudre (superfin)

4 œufs, séparés

5 ml/1 cuillère à café d'essence de vanille (extrait)

175 g/6 oz/1½ tasse de chocolat nature (mi-sucré), râpé

15 ml/1 cuillère à soupe de mélange de noix hachées

Mélanger la poudre d'amandes et le sucre, puis incorporer les jaunes d'œufs, l'essence de vanille et le chocolat. Fouetter les blancs d'œufs en neige très ferme, puis les incorporer au mélange de chocolat à l'aide d'une cuillère en métal. Verser dans un moule à cake de 20 cm graissé et chemisé et saupoudrer de noix concassées. Cuire au four préchauffé à 190°C/375°F/thermostat 5 pendant 25 minutes jusqu'à ce qu'ils soient bien gonflés et élastiques au toucher.

Gâteau au chocolat riche

Donne un gâteau de 900 g/2 lb

200 g/7 oz/1¾ tasses de chocolat nature (mi-sucré)

15 ml/1 cuillère à soupe de café noir fort

225 g/8 oz/1 tasse de beurre ou de margarine, ramolli

225 g/8 oz/1 tasse de sucre cristallisé

4 œufs

225 g/8 oz/2 tasses de farine ordinaire (tout usage)

5 ml/1 cuillère à café de levure chimique

Faire fondre le chocolat avec le café dans un bol résistant à la chaleur placé au-dessus d'une casserole d'eau frémissante. Pendant ce temps, crémer ensemble le beurre ou la margarine et le sucre jusqu'à consistance légère et mousseuse. Ajouter les oeufs petit à petit en battant bien après chaque ajout. Incorporer le chocolat fondu, puis incorporer la farine et la levure chimique. Versez le mélange dans un moule à cake de 900 g/2 lb graissé et chemisé et faites cuire dans un four préchauffé à 190°C/375°F/thermostat 5 pendant environ 1 heure jusqu'à ce qu'un cure-dent inséré au centre en ressorte propre . Si nécessaire, couvrir le dessus de papier d'aluminium ou de papier sulfurisé (ciré) pendant les 10 dernières minutes de cuisson pour éviter qu'il ne brunisse trop.

Gâteau au chocolat, aux noix et aux cerises

Donne un gâteau de 20 cm/8 po

225 g/8 oz/1 tasse de beurre ou de margarine, ramolli

225 g/8 oz/1 tasse de sucre en poudre (superfin)

4 œufs

Quelques gouttes d'essence de vanille (extrait)

225 g/8 oz/2 tasses de farine de seigle

225 g/8 oz/2 tasses de noisettes moulues

45 ml/3 cuillères à soupe de poudre de cacao (chocolat non sucré)

10 ml/2 cuillères à café de cannelle moulue

5 ml/1 cuillère à café de levure chimique

900 g/2 lb de cerises dénoyautées (dénoyautées)

Sucre glace (de confiserie) pour saupoudrer

Crémer ensemble le beurre ou la margarine et le sucre jusqu'à ce qu'ils soient pâles et mousseux. Incorporer les œufs petit à petit, un à la fois, puis incorporer l'essence de vanille. Mélanger ensemble la farine, les noix, le cacao, la cannelle et la levure chimique, puis incorporer au mélange et mélanger en une pâte molle. Étalez la pâte sur une surface légèrement farinée en un cercle de 20 cm/8 po et pressez doucement dans un moule à gâteau à fond amovible graissé. Déposer les cerises dessus. Cuire dans un four préchauffé à 200°C/400°F/thermostat 6 pendant 30 minutes jusqu'à ce qu'il soit élastique au toucher. Retirer du moule pour refroidir, puis saupoudrer de sucre glace avant de servir.

Gâteau au chocolat et au rhum

Donne un gâteau de 20 cm/8 po

100 g/4 oz/1 tasse de chocolat nature (mi-sucré)

15 ml/1 cuillère à soupe de rhum

3 oeufs

100 g/4 oz/½ tasse de sucre en poudre (superfin)

25 g/1 oz/¼ tasse de farine de maïs (amidon de maïs)

50 g/2 oz/½ tasse de farine auto-levante (auto-levante)

Faire fondre le chocolat avec le rhum dans un bol résistant à la chaleur placé au-dessus d'une casserole d'eau frémissante. Fouetter ensemble les œufs et le sucre jusqu'à consistance légère et mousseuse, puis incorporer la maïzena et la farine. Incorporer le mélange de chocolat. Verser dans un moule à gâteau de 20 cm/8 po graissé et chemisé et cuire dans un four préchauffé à 190°C/375°F/thermostat 5 pendant 10 à 15 minutes jusqu'à ce qu'il soit élastique au toucher.

Sandwich au chocolat

Donne un gâteau de 20 cm/8 po

100 g/4 oz/1 tasse de farine ordinaire (tout usage)

10 ml / 2 cuillères à café de levure chimique

Une pincée de bicarbonate de soude (bicarbonate de soude)

50 g/2 oz/½ tasse de poudre de cacao (chocolat non sucré)

225 g/8 oz/1 tasse de sucre en poudre (superfin)

120 ml / 4 fl oz / ½ tasse d'huile de maïs

120 ml/4 oz/½ tasse de lait

150 ml/¼ pt/2/3 tasse de crème double (épaisse)

100 g/4 oz/1 tasse de chocolat nature (mi-sucré)

Mélanger la farine, la levure chimique, le bicarbonate de soude et le cacao. Incorporer le sucre. Mélanger l'huile et le lait et incorporer aux ingrédients secs jusqu'à consistance lisse. Verser dans deux moules à sandwich de 20 cm/8 po graissés et chemisés et cuire dans un four préchauffé à 180°C/350°F/thermostat 3 pendant 40 minutes jusqu'à ce qu'ils soient élastiques au toucher. Démoulez sur une grille pour refroidir.

Fouetter la crème jusqu'à consistance ferme. Réserver 30 ml/2 cuillères à soupe et utiliser le reste pour serrer les gâteaux ensemble. Faire fondre le chocolat et la crème réservée dans un bol résistant à la chaleur placé au-dessus d'une casserole d'eau frémissante. Verser sur le dessus du gâteau et laisser prendre.

Gâteau Caroube et Noix

Donne un gâteau de 18 cm/7 po

175 g/6 oz/¾ tasse de beurre ou de margarine, ramolli

100 g/4 oz/½ tasse de cassonade douce

4 œufs, séparés

75 g/3 oz/¾ tasse de farine ordinaire (tout usage)

25 g/1 oz/¼ tasse de poudre de caroube

Une pincée de sel

Le zeste finement râpé et le jus d'1 orange

Barres de caroube de 175 g/6 oz

100 g/4 oz/1 tasse de noix mélangées hachées

Crémer 100 g/4 oz/½ tasse de beurre ou de margarine avec le sucre jusqu'à consistance légère et mousseuse. Incorporer progressivement les jaunes d'œufs, puis incorporer la farine, la poudre de caroube, le sel, le zeste d'orange et 15 ml/1 cuillère à soupe de jus d'orange. Versez le mélange dans deux moules à cake de 18 cm/7 po graissés et chemisés et faites cuire dans un four préchauffé à 180°C/350°F/thermostat 4 pendant 20 minutes jusqu'à ce qu'ils soient élastiques au toucher. Retirer des moules et laisser refroidir.

Faire fondre la caroube avec le jus d'orange restant dans un bol résistant à la chaleur placé au-dessus d'une casserole d'eau frémissante. Retirer du feu et incorporer le reste du beurre ou de la margarine. Laisser refroidir légèrement en remuant de temps en temps. Sandwichez les gâteaux refroidis avec la moitié du glaçage et étalez le reste sur le dessus. Tracez un motif avec une fourchette et saupoudrez de noix pour décorer.

Bûche de Noël Caroube

Donne un rouleau de 20 cm/8 po

3 gros œufs

100 g/4 oz/1/3 tasse de miel clair

75 g/3 oz/¾ tasse de farine complète (complète)

25 g/1 oz/¼ tasse de poudre de caroube

20 ml/4 cuillères à café d'eau chaude

Pour le remplissage:

175 g/6 oz/¾ tasse de fromage à la crème

Quelques gouttes d'essence de vanille (extrait)

5 ml/1 cuillère à café de granulés de café, dissous dans un peu d'eau chaude

30 ml/2 cuillères à soupe de miel clair

15 ml/1 cuillère à soupe de poudre de caroube

Fouetter ensemble les œufs et le miel jusqu'à épaississement. Incorporer la farine et la caroube, puis l'eau chaude. Verser dans un moule à roulé suisse de 30 x 20 cm/12 x 8 po graissé et chemisé et cuire dans un four préchauffé à 220°C/425°F/thermostat 7 pendant 15 minutes jusqu'à ce qu'il soit élastique au toucher. Démouler sur une feuille de papier sulfurisé (ciré) et couper les bords. Rouler à partir de l'extrémité courte, en utilisant le papier pour aider, et laisser refroidir.

Pour faire la garniture, battre tous les ingrédients ensemble. Déroulez le gâteau et retirez le papier. Étalez la moitié de la garniture sur le gâteau, presque jusqu'aux bords, puis roulez à nouveau. Étalez le reste de la garniture sur le dessus et tracez un motif d'écorce avec les dents d'une fourchette.

Gâteau aux graines de carvi

Donne un gâteau de 18 cm/7 po

225 g/8 oz/1 tasse de beurre ou de margarine, ramolli

225 g/8 oz/1 tasse de sucre en poudre (superfin)

4 œufs, séparés

225 g/8 oz/2 tasses de farine auto-levante (auto-levante)

25 g/1 oz/¼ tasse de graines de carvi

2,5 ml/½ cuillère à café de cannelle moulue

2,5 ml/½ cuillère à café de noix de muscade râpée

Crémer ensemble le beurre ou la margarine et le sucre jusqu'à ce qu'ils soient pâles et mousseux. Battre les jaunes d'œufs et les ajouter au mélange, puis incorporer la farine, les graines et les épices. Battre les blancs d'œufs en neige ferme, puis les incorporer au mélange. Verser le mélange dans un moule à cake graissé et chemisé de 18 cm/7 po et cuire dans un four préchauffé à 180°C/350°F/thermostat 4 pendant 1 heure jusqu'à ce qu'un cure-dent inséré au centre en ressorte propre.

Gâteau de riz aux amandes

Donne un gâteau de 20 cm/8 po

225 g/8 oz/1 tasse de beurre ou de margarine, ramolli

225 g/8 oz/1 tasse de sucre en poudre (superfin)

3 oeufs, battus

100 g/4 oz/1 tasse de farine ordinaire (tout usage)

75 g/3 oz/¾ tasse de farine auto-levante (auto-levante)

75 g/3 oz/¾ tasse de riz moulu

2,5 ml/½ cuillère à café d'essence d'amande (extrait)

Crémer ensemble le beurre ou la margarine et le sucre jusqu'à consistance légère et mousseuse. Battre les œufs petit à petit. Incorporer les farines et le riz moulu et incorporer l'essence d'amande. Verser dans un moule à cake de 20 cm/8 po graissé et chemisé et cuire dans un four préchauffé à 150°C/300°F/thermostat 2 pendant 1h15 jusqu'à ce qu'il soit élastique au toucher. Laisser refroidir 10 minutes dans le moule avant de démouler sur une grille pour terminer le refroidissement.

Gâteau à la bière

Donne un gâteau de 20 cm/8 po

225 g/8 oz/1 tasse de beurre ou de margarine, ramolli

225 g/8 oz/1 tasse de cassonade douce

2 oeufs, légèrement battus

350 g/12 oz/3 tasses de farine complète (complète)

10 ml / 2 cuillères à café de levure chimique

5 ml/1 c. à thé d'épices mélangées moulues (tarte aux pommes)

150 ml/¼ pt/2/3 tasse de bière brune

175 g/6 oz/1 tasse de groseilles

175 g/6 oz/1 tasse de raisins secs (raisins dorés)

50 g/2 oz/1/3 tasse de raisins secs

100 g/4 oz/1 tasse de noix mélangées hachées

le zeste râpé d'1 grosse orange

Crémer ensemble le beurre ou la margarine et le sucre jusqu'à consistance légère et mousseuse. Incorporer les œufs petit à petit en battant bien après chaque ajout. Mélanger la farine, la levure chimique et les épices et incorporer graduellement au mélange crémeux en alternant avec la bière brune, puis incorporer les fruits, les noix et le zeste d'orange. Verser dans un moule à cake de

20 cm de diamètre graissé et chemisé et faire cuire dans un four préchauffé à 150°C/300°F/thermostat 2 pendant 2h30 jusqu'à ce qu'un cure-dent inséré au centre en ressorte propre. Laisser refroidir dans le moule pendant 30 minutes, puis démouler sur une grille pour terminer le refroidissement.

Gâteau à la bière et aux dattes

Donne un gâteau de 23 cm/9 po

225 g/8 oz/1 tasse de beurre ou de margarine, ramolli

450 g/1 lb/2 tasses de cassonade douce

2 oeufs, légèrement battus

450 g/1 lb/4 tasses de farine ordinaire (tout usage)

175 g/6 oz/1 tasse de dattes dénoyautées (dénoyautées), hachées

100 g/4 oz/1 tasse de noix mélangées hachées

10 ml/2 cuillères à café de bicarbonate de soude (bicarbonate de soude)

5 ml/1 cuillère à café de cannelle moulue

5 ml/1 c. à thé d'épices mélangées moulues (tarte aux pommes)

2,5 ml/½ cuillère à café de sel

500 ml/17 fl oz/2¼ tasses de bière ou de bière blonde

Crémer ensemble le beurre ou la margarine et le sucre jusqu'à consistance légère et mousseuse. Incorporer les œufs petit à petit, puis incorporer les ingrédients secs en alternance avec la bière jusqu'à obtention d'un mélange moelleux. Verser dans un moule à cake graissé et chemisé de 23 cm/9 po et cuire dans un four préchauffé à 180°C/350°F/thermostat 4 pendant 1 heure jusqu'à ce qu'un cure-dent inséré au centre en ressorte propre. Laisser refroidir dans le moule pendant 10 minutes, puis démouler sur une grille pour terminer le refroidissement.

Gâteau Battenbourg

Donne un gâteau de 18 cm/7 po

175 g/6 oz/¾ tasse de beurre ou de margarine, ramolli

175 g/6 oz/¾ tasse de sucre en poudre (superfin)

3 oeufs, légèrement battus

225 g/8 oz/2 tasses de farine auto-levante (auto-levante)

Quelques gouttes d'essence de vanille (extrait)

Quelques gouttes d'essence de framboise (extrait) Pour le glaçage (glaçage) :

15 ml/1 cuillère à soupe de confiture de framboises (conservée), tamisée (filtrée)

225 g/8 oz de Pâte d'Amande

Quelques cerises glacées (confites)

Crémer ensemble le beurre ou la margarine et le sucre. Incorporer les œufs petit à petit, puis incorporer la farine et l'essence de vanille. Diviser le mélange en deux et incorporer l'essence de framboise dans une moitié. Graisser et tapisser un moule à gâteau carré de 18 cm / 7 po (moule) et diviser le moule en deux en pliant du papier sulfurisé (ciré) au centre du moule. Versez chaque mélange dans une moitié du moule et faites cuire dans un four préchauffé à 180°C/350°F/thermostat 4 pendant environ 50 minutes jusqu'à ce qu'il soit élastique au toucher. Refroidir sur une grille.

Garnir les bords du gâteau et couper chaque morceau en deux dans le sens de la longueur. Sandwich ensemble un rose et un morceau de vanille sur le fond et une vanille et un rose sur le dessus, en utilisant un peu de confiture pour les fixer ensemble. Badigeonner l'extérieur du gâteau avec le reste de confiture. Étalez la pâte d'amandes en un rectangle d'environ 18 x 38 cm/7 x 15 po. Pressez l'extérieur du gâteau et coupez les bords. Décorer le dessus de cerises confites.

Gâteau au pouding au pain

Donne un gâteau de 23 cm/9 po

225 g/8 oz/8 tranches de pain épaisses

300 ml/½ pt/1¼ tasse de lait

350 g/12 oz/2 tasses de fruits séchés mélangés (mélange pour gâteau aux fruits)

50 g/2 oz/¼ tasse d'écorces mélangées hachées (confites)

1 pomme, pelée, évidée et râpée

45 ml/3 cuillères à soupe de cassonade douce

30 ml/2 cuillères à soupe de marmelade

45 ml/3 cuillères à soupe de farine auto-levante

2 oeufs, légèrement battus

5 ml/1 cuillère à café de jus de citron

10 ml/2 cuillères à café de cannelle moulue

100 g/4 oz/½ tasse de beurre ou de margarine, fondu

Faire tremper le pain dans le lait jusqu'à ce qu'il soit très mou. Mélanger tous les ingrédients restants sauf le beurre ou la margarine. Incorporer la moitié du beurre ou de la margarine, puis verser le mélange dans un moule à gâteau carré graissé de 23 cm/9 po et verser le reste du beurre ou de la margarine par-dessus. Cuire dans un four préchauffé à 150°C/300°F/thermostat 3 pendant 1h30, puis augmenter la température du four à 180°C/350°F/thermostat 4 et cuire encore 30 minutes. Laisser refroidir dans le moule.

Gâteau au babeurre anglais

Donne un gâteau de 20 cm/8 po

75 g/3 oz/1/3 tasse de beurre ou de margarine

75 g/3 oz/1/3 tasse de saindoux (shortening)

450 g/l lb/4 tasses de farine ordinaire (tout usage)

100 g/4 oz/½ tasse de sucre en poudre (superfin)

175 g/6 oz/1 tasse d'écorces mélangées hachées (confites)

100 g/4 oz/2/3 tasse de raisins secs

30 ml/2 cuillères à soupe de marmelade

250 ml/8 fl oz/1 tasse de babeurre ou de lait aigre

5 ml/1 cuillère à café de bicarbonate de soude (bicarbonate de soude)

Frotter le beurre ou la margarine et le saindoux dans la farine jusqu'à ce que le mélange ressemble à de la chapelure. Incorporer la farine, le sucre, le mélange d'écorces et les raisins secs. Réchauffez légèrement la marmelade pour qu'elle se mélange facilement au lait, puis incorporez le bicarbonate de soude et mélangez au mélange à gâteau pour former une pâte molle. Versez dans un moule à cake de 20 cm de diamètre beurré et chemisé et faites cuire dans un four préchauffé à 160°C/325°F/thermostat 3 pendant 1 heure. Baissez la température du four à 150°C/300°F/thermostat 2 et faites cuire encore 45 minutes jusqu'à ce qu'ils soient dorés et élastiques au toucher. Laisser refroidir dans le moule pendant 10 minutes avant de démouler sur une grille pour terminer le refroidissement.

Gâteau au caramel

Donne un gâteau de 23 cm/9 po

400 g/14 oz/1 grande boîte de lait concentré

225 g/8 oz/1 tasse de sucre cristallisé

250 ml/8 fl oz/1 tasse d'eau bouillante

5 ml/1 cuillère à café d'essence de vanille (extrait)

225 g/8 oz/1 tasse de beurre ou de margarine, ramolli

225 g/8 oz/1 tasse de sucre en poudre (superfin)

5 œufs, séparés

450 g/1 lb/4 tasses de farine ordinaire (tout usage)

15 ml / 1 cuillère à soupe de levure chimique

Une pincée de sel

150 ml/¼ pt/2/3 tasse de crème double (épaisse)

100 g/4 oz/1 tasse de chocolat, râpé ou coupé en copeaux

Placer la boîte de lait concentré non ouverte dans une casserole et couvrir d'eau, puis porter à ébullition, couvrir et laisser mijoter pendant 3 heures, en rajoutant de l'eau bouillante si nécessaire. Le lait va se transformer en caramel. Laisser refroidir avant d'ouvrir.

Faire fondre le sucre cristallisé dans une casserole à fond épais à feu doux jusqu'à ce qu'il soit fondu et légèrement doré. Retirer du feu et incorporer l'eau en faisant attention car elle pourrait cracher. Remuer jusqu'à homogénéité, puis laisser refroidir. Ajouter l'essence de vanille.

Crémer ensemble le beurre ou la margarine et le sucre en poudre jusqu'à consistance légère et mousseuse. Incorporer progressivement les jaunes d'œufs, puis incorporer la farine, la levure chimique et le sel en alternant avec le mélange sucre et eau. Fouetter les blancs d'œufs en neige ferme, puis les incorporer au mélange à l'aide d'une cuillère en métal. Répartir dans deux moules à cake de 23 cm/9 po graissés et chemisés et faire cuire dans un four préchauffé à 180°C/350°F/thermostat 4 pendant 30 minutes jusqu'à ce qu'ils soient dorés et élastiques au toucher. Laisser refroidir, puis couper horizontalement en trois couches.

Retirer le caramel de la boîte et battre jusqu'à ce qu'il soit légèrement mou. Sandwich les gâteaux avec le caramel. Fouetter la crème jusqu'à consistance ferme, puis l'empiler sur le dessus du gâteau et saupoudrer de chocolat râpé ou de copeaux de chocolat. Pour faire les boucles, grattez un couteau bien aiguisé sur le bord d'un bloc de chocolat afin que le mélange se détache en boucles.

Gâteau doré à la cannelle et à la noix de muscade

Donne un gâteau de 20 cm/8 po

100 g/4 oz/½ tasse de beurre ou de margarine, ramolli

100 g/4 oz/½ tasse de cassonade douce

2 œufs

100 g/4 oz/1 tasse de farine ordinaire (tout usage)

50 g/2 oz/½ tasse de riz moulu

5 ml/1 cuillère à café de levure chimique Pour le nappage :

50 g/2 oz/¼ tasse de cassonade douce

5 ml/1 cuillère à café de cannelle moulue

2,5 ml/½ cuillère à café de noix de muscade râpée

Crémer ensemble le beurre ou la margarine et le sucre jusqu'à consistance légère et mousseuse. Battre les œufs en battant bien entre chaque ajout. Incorporer la farine, le riz moulu et la levure chimique et verser dans un moule à gâteau graissé de 20 cm/8 po. Mélanger les ingrédients de la garniture et saupoudrer sur le gâteau. Cuire au four préchauffé à 180°C/350°F/thermostat 4 pendant 40 minutes jusqu'à ce qu'un cure-dent inséré au centre en ressorte propre. Laisser refroidir dans le moule avant de démouler.

Gâteau au café

Donne un gâteau de 20 cm/8 po

100 g/4 oz/½ tasse de beurre ou de margarine, ramolli

100 g/4 oz/½ tasse de sucre en poudre (superfin)

2 oeufs, légèrement battus

2,5 ml/½ cuillère à café d'essence de café (extrait) ou de café noir fort

150 g/5 oz/1¼ tasses de farine auto-levante (auto-levante)

2,5 ml/½ cuillère à café de levure chimique

Glaçage au beurre de café

30 ml/2 cuillères à soupe de mélange de noix hachées (facultatif)

Crémer ensemble le beurre ou la margarine et le sucre jusqu'à consistance légère et mousseuse. Incorporer progressivement les œufs et l'essence de café, puis incorporer la farine et la levure chimique. Versez dans deux moules à sandwich de 20 cm/8 po graissés et chemisés et faites cuire dans un four préchauffé à 160°C/325°F/thermostat 3 pendant 20 minutes jusqu'à ce qu'ils soient élastiques au toucher. Laisser refroidir dans les moules pendant 4 minutes, puis démouler sur une grille pour terminer le refroidissement. Sandwichez les gâteaux avec la moitié du glaçage au beurre, puis étalez le reste sur le dessus et tracez des motifs avec une fourchette. Saupoudrer de noix, si désiré.

Gâteau streusel au café

Donne un gâteau de 20 cm/8 po

50 g/2 oz/¼ tasse de beurre ou de margarine, ramolli

100 g/4 oz/½ tasse de sucre en poudre (superfin)

1 oeuf, légèrement battu

10 ml/2 cuillères à café d'essence de café (extrait)

100 g/4 oz/1 tasse de farine auto-levante (auto-levante)

Une pincée de sel

75 g/3 oz/½ tasse de raisins secs (raisins dorés)

60 ml/4 cuillères à soupe de lait Pour la garniture :

50 g/2 oz/¼ tasse de beurre ou de margarine

30 ml/2 cuillères à soupe de farine ordinaire (tout usage)

75 g/3 oz/1/3 tasse de cassonade douce

10 ml/2 cuillères à café de cannelle moulue

50 g/2 oz/½ tasse de noix mélangées hachées

Crémer ensemble le beurre ou la margarine et le sucre jusqu'à consistance légère et mousseuse. Incorporer progressivement l'œuf et l'essence de café, puis incorporer la farine et le sel. Incorporer les raisins secs et suffisamment de lait pour obtenir une consistance molle.

Pour faire la garniture, frottez le beurre ou la margarine dans la farine, le sucre et la cannelle jusqu'à ce que le mélange ressemble à de la chapelure. Incorporer les noix. Saupoudrer la moitié de la garniture sur le fond d'un moule à cake de 20 cm graissé et chemisé. Verser le mélange à gâteau et saupoudrer du reste de garniture. Cuire dans un four préchauffé à 220°C/425°F/thermostat 7 pendant 15 minutes jusqu'à ce qu'ils soient bien gonflés et élastiques au toucher.

Gâteau dégoulinant de la ferme

Donne un gâteau de 18 cm/7 po

225 g/8 oz/1 1/3 tasses de fruits séchés mélangés (mélange pour gâteau aux fruits)

75 g/3 oz/1/3 tasse de jus de bœuf (shortening)

150 g/5 oz/2/3 tasse de cassonade douce

250 ml/8 oz/1 tasse d'eau

225 g/8 oz/2 tasses de farine complète (complète)

5 ml/1 cuillère à café de levure chimique

2,5 ml/½ cuillère à café de bicarbonate de soude (bicarbonate de soude)

5 ml/1 cuillère à café de cannelle moulue

Une pincée de muscade râpée

Une pincée de clous de girofle moulus

Porter à ébullition les fruits, le jus de cuisson, le sucre et l'eau dans une casserole à fond épais et laisser mijoter 10 minutes. Laisser refroidir. Mélanger le reste des ingrédients dans un bol, puis verser le mélange fondu et mélanger délicatement. Verser dans un moule à gâteau de 18 cm / 7 po graissé et chemisé et cuire dans un four préchauffé à 180 ° C / 350 ° F / thermostat 4 pendant 1 heure et demie jusqu'à ce qu'il soit bien gonflé et se décolle des parois du moule.

Pain d'épice américain avec sauce au citron

Donne un gâteau de 20 cm/8 po

225 g/8 oz/1 tasse de sucre en poudre (superfin)

50 g/2 oz/¼ tasse de beurre ou de margarine, fondu

30 ml/2 cuillères à soupe de mélasse noire (mélasse)

2 blancs d'œufs, légèrement battus

225 g/8 oz/2 tasses de farine ordinaire (tout usage)

5 ml/1 cuillère à café de bicarbonate de soude (bicarbonate de soude)

5 ml/1 cuillère à café de cannelle moulue

2,5 ml/½ c. à thé de clous de girofle moulus

1,5 ml/¼ cuillère à café de gingembre moulu

Une pincée de sel

250 ml/8 oz/1 tasse de babeurre

Pour la sauce:

100 g/4 oz/½ tasse de sucre en poudre (superfin)

30 ml/2 cuillères à soupe de fécule de maïs (maïzena)

Une pincée de sel

Une pincée de muscade râpée

250 ml/8 fl oz/1 tasse d'eau bouillante

15 g/½ oz/1 cuillère à soupe de beurre ou de margarine

30 ml/2 cuillères à soupe de jus de citron

2,5 ml/½ cuillère à café de zeste de citron finement râpé

Mélanger le sucre, le beurre ou la margarine et la mélasse. Incorporer les blancs d'œufs. Mélanger la farine, le bicarbonate de soude, les épices et le sel. Incorporer le mélange de farine et le babeurre en alternance dans le mélange de beurre et de sucre jusqu'à ce que le tout soit bien mélangé. Versez dans un moule à cake de 20 cm de diamètre beurré et fariné et faites cuire dans un four préchauffé à 200°C/400°F/thermostat 6 pendant 35 minutes jusqu'à ce qu'un cure-dent inséré au centre en ressorte propre. Laisser refroidir dans le moule pendant 5 minutes avant de démouler sur une grille pour terminer le refroidissement. Le gâteau peut être servi froid ou tiède.

Pour faire la sauce, mélanger le sucre, la maïzena, le sel, la noix de muscade et l'eau dans une petite casserole à feu doux et remuer jusqu'à ce que le tout soit bien mélangé. Laisser mijoter, en remuant, jusqu'à ce que le mélange soit épais et clair. Incorporer le beurre ou la margarine et le jus et le zeste de citron et cuire jusqu'à homogénéité. Verser sur le pain d'épices pour servir.

Pain d'épice au café

Donne un gâteau de 20 cm/8 po

200 g/7 oz/1¾ tasses de farine auto-levante (auto-levante)

10 ml/2 cuillères à café de gingembre moulu

10 ml/2 cuillères à café de granulés de café instantané

100 ml/4 fl oz/½ tasse d'eau chaude

100 g/4 oz/½ tasse de beurre ou de margarine

75 g/3 oz/¼ tasse de sirop doré (maïs léger)

50 g/2 oz/¼ tasse de cassonade douce

2 œufs, battus

Mélanger la farine et le gingembre. Dissoudre le café dans l'eau chaude. Faire fondre la margarine, le sirop et le sucre, puis les incorporer aux ingrédients secs. Mélanger le café et les œufs. Verser dans un moule à gâteau de 20 cm / 8 po graissé et chemisé et cuire dans un four préchauffé à 180 ° C / 350 ° F / thermostat 4 pendant 40 à 45 minutes jusqu'à ce qu'il soit bien gonflé et élastique au toucher.

Gâteau à la crème de gingembre

Donne un gâteau de 20 cm/8 po

175 g/6 oz/¾ tasse de beurre ou de margarine, ramolli

150 g/5 oz/2/3 tasse de cassonade douce

3 oeufs, légèrement battus

175 g/6 oz/1½ tasse de farine auto-levante (auto-levante)

15 ml/1 cuillère à soupe de gingembre moulu Pour la garniture :

150 ml/¼ pt/2/3 tasse de crème double (épaisse)

15 ml/1 cuillère à soupe de sucre glace (pâtisserie) tamisé

5 ml/1 cuillère à café de gingembre moulu

Crémer ensemble le beurre ou la margarine et le sucre jusqu'à consistance légère et mousseuse. Ajouter petit à petit les œufs, puis la farine et le gingembre et bien mélanger. Verser dans deux moules à sandwich de 20 cm/ 8 po graissés et chemisés et faire cuire dans un four préchauffé à 180°C/350°F/thermostat 4 pendant 25 minutes jusqu'à ce qu'ils soient bien gonflés et élastiques au toucher. Laisser refroidir.

Fouettez la crème avec le sucre et le gingembre jusqu'à consistance ferme, puis utilisez-la pour prendre les gâteaux en sandwich.

Gâteau au gingembre de Liverpool

Donne un gâteau de 20 cm/8 po

100 g/4 oz/½ tasse de beurre ou de margarine

100 g/4 oz/½ tasse de sucre demerara

30 ml/2 cuillères à soupe de sirop doré (maïs léger)

225 g/8 oz/2 tasses de farine ordinaire (tout usage)

2,5 ml/½ cuillère à café de bicarbonate de soude (bicarbonate de soude)

10 ml/2 cuillères à café de gingembre moulu

2 œufs, battus

225 g/8 oz/11/3 tasses de raisins secs (raisins dorés)

50 g/2 oz/½ tasse de gingembre cristallisé (confit), haché

Faites fondre le beurre ou la margarine avec le sucre et le sirop à feu doux. Retirer du feu et incorporer les ingrédients secs et l'œuf et bien mélanger. Incorporer les raisins secs et le gingembre. Verser dans un moule à gâteau carré de 20 cm/8 po graissé et chemisé et cuire dans un four préchauffé à 150°C/300°F/thermostat 3 pendant 1h30 jusqu'à ce qu'il soit élastique au toucher. Le gâteau peut couler un peu au centre. Laisser refroidir dans le moule.

Pain d'épice à l'avoine

Donne un gâteau de 35 x 23 cm/14 x 9 po

225 g/8 oz/2 tasses de farine complète (complète)

75 g/3 oz/¾ tasse de flocons d'avoine

5 ml/1 cuillère à café de bicarbonate de soude (bicarbonate de soude)

5 ml/1 cuillère à café de crème de tartre

15 ml/1 cuillère à soupe de gingembre moulu

225 g/8 oz/1 tasse de beurre ou de margarine

225 g/8 oz/1 tasse de cassonade douce

Mélanger la farine, les flocons d'avoine, le bicarbonate de soude, la crème de tartre et le gingembre dans un bol. Frotter le beurre ou la margarine jusqu'à ce que le mélange ressemble à de la chapelure. Incorporer le sucre. Pressez fermement le mélange dans un moule à gâteau graissé de 35 x 23 cm/14 x 9 po et faites cuire dans un four préchauffé à 160°C/325°F/thermostat 3 pendant 30 minutes jusqu'à ce qu'ils soient dorés. Couper en carrés encore chauds et laisser refroidir complètement dans le moule.

Pain d'épice à l'orange

Donne un gâteau de 23 cm/9 po

450 g/1 lb/4 tasses de farine ordinaire (tout usage)

5 ml/1 cuillère à café de cannelle moulue

2,5 ml/½ cuillère à café de gingembre moulu

2,5 ml/½ cuillère à café de bicarbonate de soude (bicarbonate de soude)

175 g/6 oz/2/3 tasse de beurre ou de margarine

175 g/6 oz/2/3 tasse de sucre en poudre (superfin)

75 g/3 oz/½ tasse de zeste d'orange glacé (confit), haché

Le zeste râpé et le jus d'une ½ grosse orange

175 g/6 oz/½ tasse de sirop doré (maïs léger), réchauffé

2 oeufs, légèrement battus

Un peu de lait

Mélanger la farine, les épices et le bicarbonate de soude, puis incorporer le beurre ou la margarine jusqu'à ce que le mélange ressemble à de la chapelure. Incorporer le sucre, le zeste et le zeste d'orange, puis faire un puits au centre. Incorporer le jus d'orange et le sirop réchauffé, puis incorporer les œufs jusqu'à obtention d'une consistance molle et coulante, en ajoutant un peu de lait si nécessaire. Bien battre, puis verser dans un moule à gâteau carré graissé de 23 cm/9 po et cuire dans un four préchauffé à 160°C/325°F/thermostat 3 pendant 1 heure jusqu'à ce qu'il soit bien gonflé et élastique au toucher.

Pain d'épice collant

Donne un gâteau de 25 cm/10 po

275 g/10 oz/2½ tasses de farine ordinaire (tout usage)

10 ml/2 cuillères à café de cannelle moulue

5 ml/1 cuillère à café de bicarbonate de soude (bicarbonate de soude)

100 g/4 oz/½ tasse de beurre ou de margarine

175 g/6 oz/½ tasse de sirop doré (maïs léger)

175 g/6 oz/½ tasse de mélasse noire (mélasse)

100 g/4 oz/½ tasse de cassonade douce

2 œufs, battus

150 ml/¼ pt/2/3 tasse d'eau chaude

Mélanger la farine, la cannelle et le bicarbonate de soude. Faire fondre le beurre ou la margarine avec le sirop, la mélasse et le sucre et verser sur les ingrédients secs. Ajouter les œufs et l'eau et bien mélanger. Verser dans un moule à cake carré de 25 cm/10 po graissé et chemisé. Cuire dans un four préchauffé à 180°C/350°F/thermostat 4 pendant 40 à 45 minutes jusqu'à ce qu'ils soient bien gonflés et élastiques au toucher.

Pain d'épice complet

Donne un gâteau de 18 cm/7 po

100 g/4 oz/1 tasse de farine ordinaire (tout usage)

100 g/4 oz/1 tasse de farine complète (complète)

50 g/2 oz/¼ tasse de cassonade douce

50 g/2 oz/1/3 tasse de raisins secs (raisins dorés)

10 ml/2 cuillères à café de gingembre moulu

5 ml/1 cuillère à café de cannelle moulue

5 ml/1 cuillère à café de bicarbonate de soude (bicarbonate de soude)

Une pincée de sel

100 g/4 oz/½ tasse de beurre ou de margarine

30 ml/2 cuillères à soupe de sirop doré (maïs léger)

30 ml/2 cuillères à soupe de mélasse noire (mélasse)

1 oeuf, légèrement battu

150 ml/¼ pt/2/3 tasse de lait

Mélanger les ingrédients secs. Faire fondre le beurre ou la margarine avec le sirop et la mélasse et incorporer aux ingrédients secs avec l'œuf et le lait. Verser dans un moule à gâteau de 18 cm/7 po graissé et chemisé et cuire dans un four préchauffé à 160°C/325°F/thermostat 3 pendant 1 heure jusqu'à ce qu'il soit juste élastique au toucher.

Gâteau au miel et aux amandes

Donne un gâteau de 20 cm/8 po

250 g/9 oz carottes, râpées

65 g/2½ oz d'amandes finement hachées

2 oeufs

100 g/4 oz/1/3 tasse de miel clair

60 ml/4 cuillères à soupe d'huile

150 ml/¼ pt/2/3 tasse de lait

100 g/4 oz/1 tasse de farine complète (complète)

25 g/1 oz/¼ tasse de farine ordinaire (tout usage)

10 ml/2 cuillères à café de cannelle moulue

2,5 ml/½ cuillère à café de bicarbonate de soude (bicarbonate de soude)

Une pincée de sel

Glaçage au Citron Glacé

Quelques amandes effilées (effilées) pour décorer

Mélanger les carottes et les noix. Battez les œufs dans un bol séparé, puis mélangez-y le miel, l'huile et le lait. Incorporer les carottes et les noix, puis incorporer les ingrédients secs. Verser dans un moule à gâteau de 20 cm/8 po graissé et chemisé et cuire dans un four préchauffé à 150 °C/300 °F/thermostat 2 pendant 1 à 1 h 15 jusqu'à ce qu'il soit bien gonflé et élastique au toucher. Laisser refroidir dans le moule avant de démouler. Arroser de glaçage au citron glacé, puis décorer d'amandes effilées.

Gâteau glacé au citron

Donne un gâteau de 18 cm/7 po

100 g/4 oz/½ tasse de beurre ou de margarine, ramolli

100 g/4 oz/½ tasse de sucre en poudre (superfin)

2 oeufs

100 g/4 oz/1 tasse de farine ordinaire (tout usage)

50 g/2 oz/½ tasse de riz moulu

2,5 ml/½ cuillère à café de levure chimique

Zeste râpé et jus de 1 citron

100 g/4 oz/2/3 tasse de sucre glace (de confiserie), tamisé

Crémer ensemble le beurre ou la margarine et le sucre jusqu'à consistance légère et mousseuse. Incorporer les œufs un à un en battant bien après chaque ajout. Mélanger la farine, le riz moulu, la levure chimique et le zeste de citron, puis incorporer au mélange. Verser dans un moule à gâteau de 18 cm/7 po graissé et chemisé et cuire dans un four préchauffé à 180°C/350°F/thermostat 4 pendant 1 heure jusqu'à ce qu'il soit élastique au toucher. Retirer du moule et laisser refroidir.

Mélanger le sucre glace avec un peu de jus de citron jusqu'à consistance lisse. Verser sur le gâteau et laisser prendre.

Anneau de thé glacé

Pour 4 à 6 personnes

150 ml/¼ pt/2/3 tasse de lait chaud

2,5 ml/½ cuillère à café de levure sèche

25 g/1 oz/2 cuillères à soupe de sucre en poudre (superfin)

25 g/1 oz/2 cuillères à soupe de beurre ou de margarine

225 g/8 oz/2 tasses de farine forte (pain)

1 œuf battu Pour la garniture :

50 g/2 oz/¼ tasse de beurre ou de margarine, ramolli

50 g/2 oz/¼ tasse d'amandes moulues

50 g/2 oz/¼ tasse de cassonade douce

Pour la garniture :

100 g/4 oz/2/3 tasse de sucre glace (de confiserie), tamisé

15 ml/1 cuillère à soupe d'eau tiède

30 ml/2 cuillères à soupe d'amandes effilées (effilées)

Verser le lait sur la levure et le sucre et mélanger. Laisser dans un endroit chaud jusqu'à ce qu'il soit mousseux. Frottez le beurre ou la margarine dans la farine. Incorporer le mélange de levure et l'œuf et bien battre. Couvrir le bol d'un film alimentaire huilé (pellicule plastique) et laisser dans un endroit chaud pendant 1 heure. Pétrissez à nouveau, puis formez un rectangle d'environ 30 x 23 cm/12 x 9 po. Étalez le beurre ou la margarine pour la garniture sur la pâte et saupoudrez d'amandes moulues et de sucre. Rouler en long boudin et former un anneau en scellant les bords avec un peu d'eau. Coupez les deux tiers du chemin à travers le rouleau à environ 3 cm/1½ d'intervalle et placez-le sur une plaque à pâtisserie graissée. Laisser dans un endroit chaud pendant 20 minutes. Cuire dans un four préchauffé à 200°C/425°F/gaz 7 pendant 15 minutes. Réduire la température du four à 180°C/350°F/gaz 4 pendant 15 minutes supplémentaires.

Pendant ce temps, mélanger le sucre glace et l'eau pour faire un glaçage glacé. Une fois refroidi, étaler sur le gâteau et décorer d'amandes effilées.

Gâteau au lard

Donne un gâteau de 23 x 18 cm/9 x 7 po

15 g/½ oz de levure fraîche ou 20 ml/4 càc de levure sèche

5 ml/1 cuillère à café de sucre en poudre (surfin)

300 ml/½ pt/1¼ tasse d'eau tiède

150 g/5 oz/2/3 tasse de saindoux (shortening)

450 g/1 lb/4 tasses de farine forte (pain)

Une pincée de sel

100 g/4 oz/2/3 tasse de raisins secs (raisins dorés)

100 g/4 oz/2/3 tasse de miel clair

Mélanger la levure avec le sucre et un peu d'eau tiède et laisser dans un endroit chaud pendant 20 minutes jusqu'à consistance mousseuse.

Frottez 25 g/1 oz/2 cuillères à soupe de saindoux dans la farine et le sel et faites un puits au centre. Versez le mélange de levure et le reste d'eau tiède et mélangez en une pâte ferme. Pétrir jusqu'à consistance lisse et élastique. Placer dans un bol huilé, couvrir d'un film alimentaire huilé (pellicule plastique) et laisser dans un endroit chaud pendant environ 1 heure jusqu'à ce qu'elle double de volume.

Coupez le reste de saindoux en dés. Pétrir à nouveau la pâte, puis l'étaler en un rectangle d'environ 35 x 23 cm/14 x 9 po. Couvrir les deux tiers supérieurs de la pâte avec un tiers du saindoux, un tiers des raisins secs et un quart des le miel. Pliez le tiers ordinaire de la pâte sur la garniture, puis repliez le tiers supérieur par-dessus. Appuyez sur les bords ensemble pour sceller, puis donnez à la pâte un quart de tour pour que le pli soit sur votre gauche. Étalez et répétez le processus deux fois de plus pour utiliser tout le saindoux et les raisins secs. Placer sur une plaque à pâtisserie (à biscuits) graissée et marquer un motif entrecroisé sur le dessus avec un couteau. Couvrir et laisser dans un endroit chaud pendant 40 minutes.

Cuire au four préchauffé à 220°C/ 425°F/thermostat 7 pendant 40 minutes. Arrosez le dessus avec le miel restant, puis laissez refroidir.

Gâteau au Lard aux Graines de Carvi

Donne un gâteau de 23 x 18 cm/9 x 7 po

450 g/1 lb de pâte à pain blanche de base

175 g/6 oz/¾ tasse de saindoux (shortening), coupé en morceaux

175 g/6 oz/¾ tasse de sucre en poudre (superfin)

15 ml/1 cuillère à soupe de graines de carvi

Préparez la pâte, puis étalez-la sur une surface légèrement farinée en un rectangle d'environ 35 x 23 cm/14 x 9 po. Parsemez les deux tiers supérieurs de la pâte avec la moitié du saindoux et la moitié du sucre, puis repliez la pâte tiers de la pâte et repliez le tiers supérieur par-dessus. Tourner la pâte d'un quart de tour pour que le pli soit sur votre gauche, puis abaisser à nouveau et saupoudrer de la même manière avec le reste de saindoux et de sucre et les graines de carvi. Pliez à nouveau, puis formez pour s'adapter à un moule à pâtisserie (moule) et marquez le dessus en forme de losange. Couvrir d'un film alimentaire huilé (pellicule plastique) et laisser dans un endroit chaud pendant environ 30 minutes jusqu'à ce qu'elle double de volume.

Cuire dans un four préchauffé à 200°C/ 400°F/thermostat 6 pendant 1 heure. Laisser refroidir dans le moule pendant 15 minutes pour que la graisse s'imprègne de la pâte, puis démouler sur une grille pour refroidir complètement.

Gâteau marbré

Donne un gâteau de 20 cm/8 po

175 g/6 oz/¾ tasse de beurre ou de margarine, ramolli

175 g/6 oz/¾ tasse de sucre en poudre (superfin)

3 oeufs, légèrement battus

225 g/8 oz/2 tasses de farine auto-levante (auto-levante)

Quelques gouttes d'essence d'amande (extrait)

Quelques gouttes de colorant alimentaire vert

Quelques gouttes de colorant alimentaire rouge

Crémer ensemble le beurre ou la margarine et le sucre jusqu'à consistance légère et mousseuse. Incorporer les œufs petit à petit, puis incorporer la farine. Diviser le mélange en trois. Ajoutez l'essence d'amande à un tiers, le colorant alimentaire vert à un tiers et le colorant alimentaire rouge au tiers restant. Déposer de grandes cuillerées des trois mélanges en alternance dans un moule à gâteau de 20 cm / 8 po graissé et chemisé et cuire dans un four préchauffé à 180 ° C / 350 ° F / thermostat 4 pendant 45 minutes jusqu'à ce qu'il soit bien gonflé et élastique à le toucher.

Gâteau étagé du Lincolnshire

Donne un gâteau de 20 cm/8 po

175 g/6 oz/¾ tasse de beurre ou de margarine

350 g/12 oz/3 tasses de farine ordinaire (tout usage)

Une pincée de sel

150 ml/¼ pt/2/3 tasse de lait

15 ml/1 cuillère à soupe de levure sèche Pour la garniture :

225 g/8 oz/11/3 tasses de raisins secs (raisins dorés)

225 g/8 oz/1 tasse de cassonade douce

25 g/1 oz/2 cuillères à soupe de beurre ou de margarine

2,5 ml/½ c. à thé de piment de la Jamaïque moulu

1 œuf, séparé

Frotter la moitié du beurre ou de la margarine dans la farine et le sel jusqu'à ce que le mélange ressemble à de la chapelure. Chauffer le reste du beurre ou de la margarine avec le lait jusqu'à ce qu'il soit chaud à la main, puis mélanger un peu pour obtenir une pâte avec la levure. Incorporer le mélange de levure et le reste de lait et de beurre dans le mélange de farine et pétrir en une pâte molle. Placer dans un bol huilé, couvrir et laisser dans un endroit chaud pendant environ 1 heure jusqu'à ce qu'elle double de volume. Pendant ce temps, placez tous les ingrédients de la garniture sauf le blanc d'œuf dans une casserole à feu doux et laissez fondre.

Abaisser un quart de la pâte en un cercle de 20 cm/8 et étaler un tiers de la garniture. Répéter avec les quantités restantes de pâte et de garniture, en recouvrant d'un cercle de pâte. Badigeonnez les bords de blanc d'œuf et soudez ensemble. Cuire au four préchauffé à 190°C/ 375°F/thermostat 5 pendant 20 minutes. Badigeonnez le dessus de blanc d'œuf, puis remettez au four encore 30 minutes jusqu'à ce qu'il soit doré.

Gâteau au pain

Donne un gâteau de 900 g/2 lb

175 g/6 oz/¾ tasse de beurre ou de margarine, ramolli

275 g/10 oz/1¼ tasse de sucre en poudre (superfin)

Zeste râpé et jus de ½ citron

120 ml/4 oz/½ tasse de lait

275 g/10 oz/2¼ tasses de farine auto-levante (auto-levante)

5 ml/1 cuillère à café de sel

5 ml/1 cuillère à café de levure chimique

3 oeufs

Sucre glace (de confiserie), tamisé, pour saupoudrer

Crémer ensemble le beurre ou la margarine, le sucre et le zeste de citron jusqu'à consistance légère et mousseuse. Incorporer le jus de citron et le lait, puis incorporer la farine, le sel et la levure chimique et mélanger jusqu'à consistance lisse. Ajouter les oeufs petit à petit en battant bien après chaque ajout. Verser le mélange dans un moule à pain de 900 g/ 2 lb graissé et chemisé et cuire au four préchauffé à 150 °F/300 °F/thermostat 2 pendant 1 h 1/4 jusqu'à ce qu'il soit élastique au toucher. Laisser refroidir dans le moule 10 minutes avant de démouler pour finir de refroidir sur une grille. Servir saupoudré de sucre glace.

Gâteau à la marmelade

Donne un gâteau de 18 cm/7 po

175 g/6 oz/¾ tasse de beurre ou de margarine, ramolli

175 g/6 oz/¾ tasse de sucre en poudre (superfin)

3 œufs, séparés

300 g/10 oz/2½ tasses de farine auto-levante (auto-levante)

45 ml/3 cuillères à soupe de marmelade épaisse

50 g/2 oz/1/3 tasse d'écorces mélangées hachées (confites)

le zeste râpé d'1 orange

45 ml/3 cuillères à soupe d'eau

Pour le glaçage (glaçage) :
100 g/4 oz/2/3 tasse de sucre glace (de confiserie), tamisé

Jus d'1 orange

Quelques tranches d'orange cristallisée (confite)

Crémer ensemble le beurre ou la margarine et le sucre jusqu'à consistance légère et mousseuse. Incorporer progressivement les jaunes d'œufs, puis 15 ml/1 cuillère à soupe de farine. Incorporer la marmelade, le mélange de zeste, de zeste d'orange et d'eau, puis incorporer le reste de la farine. Fouetter les blancs d'œufs en neige ferme, puis les incorporer au mélange à l'aide d'une cuillère en métal. Verser dans un moule à cake graissé et chemisé de 18 cm/7 po et cuire dans un four préchauffé à 180°C/350°F/thermostat 4 pendant 1h15 jusqu'à ce qu'il soit bien gonflé et élastique au toucher. Laisser refroidir dans le moule pendant 5 minutes, puis démouler sur une grille pour terminer le refroidissement.

Pour faire le glaçage, placez le sucre glace dans un bol et faites un puits au centre. Incorporer graduellement suffisamment de jus d'orange pour donner une consistance étalée. Verser sur le gâteau et sur les côtés et laisser prendre. Décorer de tranches d'oranges confites.

Gâteau aux graines de pavot

Donne un gâteau de 20 cm/8 po

250 ml/8 oz/1 tasse de lait

100 g/4 oz/1 tasse de graines de pavot

225 g/8 oz/1 tasse de beurre ou de margarine, ramolli

225 g/8 oz/1 tasse de cassonade douce

3 œufs, séparés

100 g/4 oz/1 tasse de farine ordinaire (tout usage)

100 g/4 oz/1 tasse de farine complète (complète)

5 ml/1 cuillère à café de levure chimique

Portez le lait à ébullition dans une petite casserole avec les graines de pavot, puis retirez du feu, couvrez et laissez infuser 30 minutes. Crémer ensemble le beurre ou la margarine et le sucre jusqu'à ce qu'ils soient pâles et mousseux. Incorporer les jaunes d'œufs petit à petit, puis incorporer les farines et la levure chimique. Incorporer les graines de pavot et le lait. Fouetter les blancs d'œufs en neige ferme, puis les incorporer au mélange à l'aide d'une cuillère en métal. Verser dans un moule à cake de 20 cm de diamètre graissé et chemisé et faire cuire dans un four préchauffé à 180°C/350°F/thermostat 4 pendant 1 heure jusqu'à ce qu'un cure-dent inséré au centre en ressorte propre. Laisser refroidir dans le moule 10 minutes avant de démouler pour finir de refroidir sur une grille.

Gâteau au yaourt nature

Donne un gâteau de 23 cm/9 po

150 g/5 oz de yaourt nature

150 ml/¼ pt/2/3 tasse d'huile

225 g/8 oz/1 tasse de sucre en poudre (superfin)

225 g/8 oz/2 tasses de farine auto-levante (auto-levante)

10 ml / 2 cuillères à café de levure chimique

2 œufs, battus

Mélanger tous les ingrédients jusqu'à consistance lisse, puis verser dans un moule à gâteau (moule) graissé et tapissé de 23 cm. Cuire dans un four préchauffé à 160°C/325°F/thermostat 3 pendant 1h15 jusqu'à ce qu'il soit élastique au toucher. Laisser refroidir dans le moule.

Gâteau aux pruneaux et crème pâtissière

Donne un gâteau de 23 cm/9 po

Pour le remplissage :

150 g/5 oz/2/3 tasse de pruneaux dénoyautés (dénoyautés), hachés grossièrement

120 ml/4 oz/½ tasse de jus d'orange

50 g/2 oz/¼ tasse de sucre en poudre (superfin)

30 ml/2 cuillères à soupe de fécule de maïs (maïzena)

175 ml/6 oz liq./¾ tasse de lait

2 jaunes d'œufs

Le zeste finement râpé de 1 orange

Pour le gâteau :

175 g/6 oz/¾ tasse de beurre ou de margarine, ramolli

225 g/8 oz/1 tasse de sucre en poudre (superfin)

3 oeufs, légèrement battus

200 g/7 oz/1¾ tasse de farine ordinaire (tout usage)

10 ml / 2 cuillères à café de levure chimique

2,5 ml/½ cuillère à café de noix de muscade râpée

75 ml/5 cuillères à soupe de jus d'orange

Préparez d'abord la garniture. Faire tremper les pruneaux dans le jus d'orange pendant au moins deux heures.

Mélanger le sucre et la maïzena en pâte avec un peu de lait. Porter à ébullition le reste du lait dans une casserole. Versez dessus le sucre et la maïzena et mélangez bien, puis remettez dans la casserole rincée et battez les jaunes d'œufs. Ajouter le zeste d'orange et remuer à feu très doux jusqu'à épaississement, mais ne pas laisser bouillir la crème anglaise. Placez la casserole dans un bol d'eau froide et remuez la crème anglaise de temps en temps pendant qu'elle refroidit.

Pour faire le gâteau, crémez le beurre ou la margarine et le sucre jusqu'à consistance légère et mousseuse. Incorporer les œufs petit à petit, puis incorporer la farine, la levure chimique et la muscade en alternance avec le jus d'orange. Versez la moitié de la pâte dans un moule à cake graissé de 23 cm/9 po, puis étalez la crème anglaise par-dessus en laissant un espace sur le pourtour. Versez les pruneaux et le jus de trempage sur la crème anglaise, puis couvrez avec le reste du mélange de gâteau, en vous assurant que le mélange de gâteau scelle la garniture sur les côtés et que la garniture est complètement recouverte. Cuire dans un four préchauffé à 200°C/400°F/thermostat 6 pendant 35 minutes jusqu'à ce qu'ils soient dorés et se décollent des parois du moule. Laisser refroidir dans le moule avant de démouler.

Gâteau ondulé aux framboises avec glaçage au chocolat

Donne un gâteau de 20 cm/8 po

175 g/6 oz/¾ tasse de beurre ou de margarine, ramolli

175 g/6 oz/¾ tasse de sucre en poudre (superfin)

3 oeufs, légèrement battus

225 g/8 oz/2 tasses de farine auto-levante (auto-levante)

100 g/4 oz de framboises Pour le glaçage (glaçage) et la décoration :

Glaçage au beurre de chocolat blanc

100 g/4 oz/1 tasse de chocolat nature (mi-sucré)

Crémer ensemble le beurre ou la margarine et le sucre jusqu'à consistance légère et mousseuse. Incorporer les œufs petit à petit, puis incorporer la farine. Passer les framboises en purée, puis passer au tamis (passoire) pour enlever les pépins. Incorporer la purée au mélange à gâteau, juste pour qu'elle perle et ne soit pas mélangée. Verser dans un moule à gâteau de 20 cm/8 po graissé et chemisé et cuire dans un four préchauffé à 180°C/350° F/ gaz marque 4 pendant 45 minutes jusqu'à ce qu'il soit bien gonflé et élastique au toucher. Transférer sur une grille pour refroidir.

Étaler le glaçage au beurre sur le gâteau et rendre la surface rugueuse à l'aide d'une fourchette. Faire fondre le chocolat dans un bol résistant à la chaleur placé au-dessus d'une casserole d'eau frémissante. Étaler sur une plaque à pâtisserie (à biscuits) et laisser jusqu'à ce qu'il soit presque pris. Grattez le plat d'un couteau bien aiguisé sur le chocolat pour faire des boucles. Utilisez pour décorer le dessus du gâteau.

Gâteau de sable

Donne un gâteau de 20 cm/8 po

75 g/3 oz/1/3 tasse de beurre ou de margarine, ramolli

75 g/3 oz/1/3 tasse de sucre en poudre (superfin)

2 oeufs, légèrement battus

100 g/4 oz/1 tasse de farine de maïs (amidon de maïs)

25 g/1 oz/¼ tasse de farine ordinaire (tout usage)

5 ml/1 cuillère à café de levure chimique

50 g/2 oz/½ tasse de noix mélangées hachées

Crémer ensemble le beurre ou la margarine et le sucre jusqu'à consistance légère et mousseuse. Incorporer les œufs petit à petit, puis incorporer la maïzena, la farine et la levure chimique. Verser le mélange dans un moule à gâteau carré de 20 cm/ 8 po graissé et saupoudrer de noix hachées. Cuire dans un four préchauffé à 180°C/350°F/thermostat 4 pendant 1 heure jusqu'à ce qu'il soit élastique au toucher.

Gâteau aux graines

Donne un gâteau de 18 cm/7 po

100 g/4 oz/½ tasse de beurre ou de margarine, ramolli

100 g/4 oz/½ tasse de sucre en poudre (superfin)

2 oeufs, légèrement battus

225 g/8 oz/2 tasses de farine ordinaire (tout usage)

25 g/1 oz/¼ tasse de graines de carvi

5 ml/1 cuillère à café de levure chimique

Une pincée de sel

45 ml/3 cuillères à soupe de lait

Crémer ensemble le beurre ou la margarine et le sucre jusqu'à consistance légère et mousseuse. Incorporer les œufs petit à petit, puis incorporer la farine, les graines de carvi, la levure chimique et le sel. Incorporer suffisamment de lait pour obtenir une consistance de goutte. Verser dans un moule à gâteau de 18 cm/7 po graissé et chemisé et cuire dans un four préchauffé à 200°C/400°F/thermostat 6 pendant 1 heure jusqu'à ce qu'il soit élastique au toucher et commence à rétrécir des côtés de l'étain.

Gâteau aux épices

Donne un anneau de 23 cm/9 po

1 pomme, pelée, évidée et râpée

30 ml/2 cuillères à soupe de jus de citron

25 g/8 oz/1 tasse de cassonade douce

5 ml/1 cuillère à café de gingembre moulu

5 ml/1 cuillère à café de cannelle moulue

2,5 ml/½ c. à thé d'épices mélangées moulues (tarte aux pommes)

225 g/8 oz/2/3 tasse de sirop doré (maïs léger)

250 ml/8 oz/1 tasse d'huile

10 ml / 2 cuillères à café de levure chimique

400 g/14 oz/3½ tasses de farine ordinaire (tout usage)

10 ml/2 cuillères à café de bicarbonate de soude (bicarbonate de soude)

250 ml/8 fl oz/1 tasse de thé fort chaud

1 oeuf, battu

Sucre glace (de confiserie), tamisé, pour saupoudrer

Mélanger le jus de pomme et de citron. Incorporer le sucre et les épices, puis le sirop et l'huile. Ajouter la levure chimique à la farine et le bicarbonate de soude au thé chaud. Incorporez-les alternativement au mélange, puis incorporez l'œuf. Verser dans un moule à gâteau rond de 23 cm/9 po graissé et chemisé et faire cuire dans un four préchauffé à 180°C/350°F/thermostat 4 pendant 1 heure jusqu'à ce qu'il soit élastique au toucher. Laisser refroidir dans le moule pendant 10 minutes, puis démouler sur une grille pour terminer le refroidissement. Servir saupoudré de sucre glace.

Gâteau Épicé

Donne un gâteau de 23 cm/9 po

100 g/4 oz/½ tasse de beurre ou de margarine, ramolli

100 g/4 oz/½ tasse de sucre cristallisé

100 g/4 oz/½ tasse de cassonade douce

2 œufs, battus

175 g/6 oz/1½ tasse de farine ordinaire (tout usage)

5 ml/1 cuillère à café de levure chimique

5 ml/1 cuillère à café de cannelle moulue

2,5 ml/½ cuillère à café de bicarbonate de soude (bicarbonate de soude)

2,5 ml/½ c. à thé d'épices mélangées moulues (tarte aux pommes)

Une pincée de sel

200 ml/7 oz/à peine 1 tasse de lait évaporé en conserve

Glaçage au beurre citronné

Crémer ensemble le beurre ou la margarine et les sucres jusqu'à consistance légère et mousseuse. Incorporer graduellement les œufs, puis incorporer les ingrédients secs et le lait évaporé et mélanger jusqu'à l'obtention d'un mélange lisse. Répartir dans deux moules à cake de 23 cm/9 po graissés et chemisés et faire cuire dans un four préchauffé à 180°C/350°F/thermostat 4 pendant 30 minutes jusqu'à ce qu'ils soient élastiques au toucher. Laisser refroidir, puis sandwich avec le glaçage au beurre citronné.

Gâteau au sucre et à la cannelle

Donne un gâteau de 23 cm/9 po

175 g/6 oz/1½ tasse de farine auto-levante (auto-levante)

10 ml / 2 cuillères à café de levure chimique

Une pincée de sel

175 g/6 oz/¾ tasse de sucre en poudre (superfin)

50 g/2 oz/¼ tasse de beurre ou de margarine, fondu

1 oeuf, légèrement battu

120 ml/4 oz/½ tasse de lait

2,5 ml/½ cuillère à café d'essence de vanille (extrait)

Pour la garniture :
50 g/2 oz/¼ tasse de beurre ou de margarine, fondu

50 g/2 oz/¼ tasse de cassonade douce

2,5 ml/½ cuillère à café de cannelle moulue

Battre ensemble tous les ingrédients du gâteau jusqu'à consistance lisse et bien mélangée. Versez dans un moule à cake graissé de 23 cm/9 po et faites cuire dans un four préchauffé à 180°C/350°F/thermostat 4 pendant 25 minutes jusqu'à ce qu'ils soient dorés. Badigeonner le gâteau chaud avec le beurre. Mélanger le sucre et la cannelle et saupoudrer sur le dessus. Remettez le gâteau au four pendant encore 5 minutes.

Gâteau au thé victorien

Donne un gâteau de 20 cm/8 po

225 g/8 oz/1 tasse de beurre ou de margarine, ramolli

225 g/8 oz/1 tasse de sucre en poudre (superfin)

225 g/8 oz/2 tasses de farine auto-levante (auto-levante)

25 g/1 oz/¼ tasse de farine de maïs (amidon de maïs)

30 ml/2 cuillères à soupe de graines de carvi

5 œufs, séparés

Sucre cristallisé pour saupoudrer

Crémer ensemble le beurre ou la margarine et le sucre jusqu'à ce qu'ils soient pâles et mousseux. Incorporer la farine, la maïzena et les graines de carvi. Battre les jaunes d'œufs, puis les incorporer au mélange. Fouetter les blancs d'œufs en neige ferme, puis les incorporer délicatement au mélange à l'aide d'une cuillère en métal. Verser dans un moule à cake de 20 cm graissé et chemisé et saupoudrer de sucre. Cuire dans un four préchauffé à 180°C/350°F/thermostat 4 pendant 1h30 jusqu'à ce qu'ils soient dorés et commencent à se décoller des parois du moule.

Gâteau aux fruits tout-en-un

Donne un gâteau de 20 cm/8 po

175 g/6 oz/¾ tasse de beurre ou de margarine, ramolli

175 g/6 oz/¾ tasse de cassonade douce

3 oeufs

15 ml/1 cuillère à soupe de sirop doré (maïs léger)

100 g/4 oz/½ tasse de cerises glacées (confites)

100 g/4 oz/2/3 tasse de raisins secs (raisins dorés)

100 g/4 oz/2/3 tasse de raisins secs

225 g/8 oz/2 tasses de farine auto-levante (auto-levante)

10 ml/2 c. à thé d'épices mélangées moulues (tarte aux pommes)

Placer tous les ingrédients dans un bol et battre ensemble jusqu'à ce qu'ils soient bien mélangés, ou passer au robot culinaire. Verser dans un moule à cake de 20 cm de diamètre graissé et chemisé et faire cuire dans un four préchauffé à 160°C/325°F/thermostat 3 pendant 1h30 jusqu'à ce qu'un cure-dent inséré au centre en ressorte propre. Laisser dans le moule 5 minutes puis démouler sur une grille pour terminer le refroidissement.

Gâteau aux fruits tout-en-un

Donne un gâteau de 20 cm/8 po

350 g/12 oz/2 tasses de fruits séchés mélangés (mélange pour gâteau aux fruits)

100 g/4 oz/½ tasse de beurre ou de margarine

100 g/4 oz/½ tasse de cassonade douce

150 ml/¼ pt/2/3 tasse d'eau

2 gros œufs, battus

225 g/8 oz/2 tasses de farine auto-levante (auto-levante)

5 ml/1 c. à thé d'épices mélangées moulues (tarte aux pommes)

Mettez les fruits, le beurre ou la margarine, le sucre et l'eau dans une casserole, portez à ébullition, puis laissez mijoter doucement pendant 15 minutes. Laisser refroidir. Incorporer des cuillerées d'œufs en alternance avec la farine et les épices mélangées et bien mélanger. Versez dans un moule à cake beurré de 20 cm/8 po et faites cuire dans un four préchauffé à 140°C/275°F/thermostat 1 pendant 1h à 1h30 jusqu'à ce qu'un cure-dent inséré au centre en ressorte propre.

Gâteau aux fruits australien

Donne un gâteau de 900 g/2 lb

100 g/4 oz/½ tasse de beurre ou de margarine

225 g/8 oz/1 tasse de cassonade douce

250 ml/8 oz/1 tasse d'eau

350 g/12 oz/2 tasses de fruits séchés mélangés (mélange pour gâteau aux fruits)

5 ml/1 cuillère à café de bicarbonate de soude (bicarbonate de soude)

10 ml/2 c. à thé d'épices mélangées moulues (tarte aux pommes)

5 ml/1 cuillère à café de gingembre moulu

100 g/4 oz/1 tasse de farine auto-levante (auto-levante)

100 g/4 oz/1 tasse de farine ordinaire (tout usage)

1 oeuf, battu

Dans une casserole, porter à ébullition tous les ingrédients sauf les farines et l'œuf. Retirer du feu et laisser refroidir. Mélanger les farines et l'oeuf. Placer le mélange dans un moule à pain de 900 g / 2 lb graissé et tapissé et cuire dans un four préchauffé à 160 ° C / 325 ° F / thermostat 3 pendant 1 heure jusqu'à ce qu'il soit bien gonflé et qu'une brochette insérée au centre vienne propre.

Gâteau américain riche

Donne un gâteau de 25 cm/10 po

225 g/8 oz/1 1/3 tasses de groseilles

100 g/4 oz/1 tasse d'amandes émondées

15 ml/1 cuillère à soupe d'eau de fleur d'oranger

45 ml/3 cuillères à soupe de xérès sec

1 gros jaune d'oeuf

2 oeufs

350 g/12 oz/1½ tasse de beurre ou de margarine, ramolli

175 g/6 oz/¾ tasse de sucre en poudre (superfin)

Une pincée de masse moulue

Une pincée de cannelle moulue

Une pincée de clous de girofle moulus

Une pincée de gingembre moulu

Une pincée de muscade râpée

30 ml/2 cuillères à soupe de cognac

225 g/8 oz/2 tasses de farine ordinaire (tout usage)

50 g/2 oz/½ tasse d'écorces mélangées hachées (confites)

Faire tremper les groseilles dans de l'eau chaude pendant 15 minutes, puis bien les égoutter. Broyez les amandes avec l'eau de fleur d'oranger et 15 ml/1 cuillère à soupe de xérès jusqu'à ce qu'elles soient fines. Battre ensemble le jaune d'oeuf et les oeufs. Crémer ensemble le beurre ou la margarine et le sucre, puis incorporer le mélange d'amandes et les œufs et battre jusqu'à ce qu'ils soient blancs et épais. Ajouter les épices, le sherry restant et le brandy. Incorporer la farine, puis incorporer les raisins de Corinthe et le zeste mélangé. Versez dans un moule à cake beurré de 25 cm/10 po et faites cuire dans un four préchauffé à 180°C/350°F/thermostat 4 pendant environ 1 heure jusqu'à ce qu'un cure-dent inséré au centre en ressorte propre.

Gâteau aux fruits de caroube

Donne un gâteau de 18 cm/7 po

450 g/1 lb/2 2/3 tasses de raisins secs

300 ml/½ pt/1¼ tasse de jus d'orange

175 g/6 oz/¾ tasse de beurre ou de margarine, ramolli

3 oeufs, légèrement battus

225 g/8 oz/2 tasses de farine ordinaire (tout usage)

75 g/3 oz/¾ tasse de poudre de caroube

10 ml / 2 cuillères à café de levure chimique

Le zeste râpé de 2 oranges

50 g/2 oz/½ tasse de noix, hachées

Faire tremper les raisins secs dans le jus d'orange pendant une nuit. Mélanger le beurre ou la margarine et les œufs jusqu'à consistance lisse. Incorporer graduellement les raisins secs et le jus d'orange et le reste des ingrédients. Verser dans un moule à cake de 18 cm/7 po graissé et chemisé et faire cuire dans un four préchauffé à 180°C/350°F/thermostat 4 pendant 30 minutes, puis baisser la température du four à 160°C/325° F/gas mark 3 pendant encore 1h15 jusqu'à ce qu'un cure-dent inséré au centre en ressorte propre. Laisser refroidir dans le moule pendant 10 minutes avant de démouler sur une grille pour terminer le refroidissement.

Gâteau aux fruits au café

Donne un gâteau de 25 cm/10 po

450 g/1 lb/2 tasses de sucre en poudre (superfin)

450 g/1 lb/2 tasses de dattes dénoyautées (dénoyautées), hachées

450 g/1 lb/22/3 tasses de raisins secs

450 g/1 lb/22/3 tasses de raisins secs (raisins dorés)

100 g/4 oz/½ tasse de cerises glacées (confites), hachées

100 g/4 oz/1 tasse de noix mélangées hachées

450 ml/¾ pt/2 tasses de café noir fort

120 ml/4 oz/½ tasse d'huile

100 g/4 oz/1/3 tasse de sirop doré (maïs léger)

10 ml/2 cuillères à café de cannelle moulue

5 ml/1 cuillère à café de noix de muscade râpée

Une pincée de sel

10 ml/2 cuillères à café de bicarbonate de soude (bicarbonate de soude)

15 ml/1 cuillère à soupe d'eau

2 oeufs, légèrement battus

450 g/1 lb/4 tasses de farine ordinaire (tout usage)

120 ml/4 fl oz/½ tasse de xérès ou de brandy

Dans une casserole à fond épais, porter à ébullition tous les ingrédients sauf le bicarbonate de soude, l'eau, les œufs, la farine et le sherry ou le brandy. Faire bouillir pendant 5 minutes en remuant continuellement, puis retirer du feu et laisser refroidir.

Mélanger le bicarbonate de soude avec l'eau et ajouter au mélange de fruits avec les œufs et la farine. Verser dans un moule à gâteau graissé et tapissé de 25 cm/10 po et attacher une double couche de papier sulfurisé (ciré) autour de l'extérieur pour se tenir au-dessus du haut du moule. Cuire dans un four préchauffé à 160°C/325°F/thermostat 3 pendant 1 heure. Baisser la température du four à 150°C/300°F/thermostat 2 et cuire encore 1 heure. Baissez la température du four à 140°C/275°F/thermostat 1 et faites cuire pendant une troisième heure. Baissez à nouveau la température du four à 120°C/250°F/thermostat ½ et faites cuire une dernière heure en recouvrant le dessus du gâteau de papier sulfurisé (ciré) s'il commence à trop dorer. Une fois cuit, une brochette insérée au centre en ressortira propre et le gâteau commencera à rétrécir des parois du moule.

Gâteau lourd de Cornouailles

Donne un gâteau de 900 g/2 lb

350 g/12 oz/3 tasses de farine ordinaire (tout usage)

2,5 ml/½ cuillère à café de sel

175 g/6 oz/¾ tasse de saindoux (shortening)

75 g/3 oz/1/3 tasse de sucre en poudre (superfin)

175 g/6 oz/1 tasse de groseilles

Un peu d'écorces mixtes (confites) hachées (facultatif)

Environ 150 ml/¼ pt/2/3 tasse de lait et d'eau mélangés

1 oeuf, battu

Mettez la farine et le sel dans un bol, puis frottez-les avec le saindoux jusqu'à ce que le mélange ressemble à de la chapelure. Incorporer les ingrédients secs restants. Ajouter graduellement assez de lait et d'eau pour faire une pâte ferme. Il ne faudra pas grand-chose. Étaler sur une plaque à pâtisserie graissée (à biscuits) à environ 1 cm/½ po d'épaisseur. Glacer à l'oeuf battu. Dessinez un motif quadrillé sur le dessus avec la pointe d'un couteau. Cuire au four préchauffé à 160°C/325°F/thermostat 3 pendant environ 20 minutes jusqu'à ce qu'ils soient dorés. Laisser refroidir, puis couper en carrés.

Gâteau aux groseilles

Donne un gâteau de 23 cm/9 po

225 g/8 oz/1 tasse de beurre ou de margarine

300 g/11 oz/1½ tasse de sucre en poudre (superfin)

Une pincée de sel

100 ml/3½ fl oz/6½ cuillères à soupe d'eau bouillante

3 oeufs

400 g/14 oz/3½ tasses de farine ordinaire (tout usage)

175 g/6 oz/1 tasse de groseilles

50 g/2 oz/½ tasse d'écorces mélangées hachées (confites)

100 ml/3½ fl oz/6½ cuillères à soupe d'eau froide

15 ml / 1 cuillère à soupe de levure chimique

Mettre le beurre ou la margarine, le sucre et le sel dans un bol, verser dessus l'eau bouillante et laisser reposer jusqu'à ce qu'ils ramollissent. Battre rapidement jusqu'à consistance légère et crémeuse. Ajouter les œufs petit à petit, puis incorporer la farine, les raisins de Corinthe et les zestes mélangés en alternance avec l'eau froide. Incorporer la levure chimique. Versez la pâte dans un moule à cake beurré de 23 cm/9 po et faites cuire dans un four préchauffé à 180°C/350°F/thermostat 4 pendant 30 minutes. Baisser la température du four à 150°C/300°F/thermostat 2 et cuire encore 40 minutes jusqu'à ce qu'un cure-dent inséré au centre en ressorte propre. Laisser refroidir dans le moule 10 minutes avant de démouler pour finir de refroidir sur une grille.

Gâteau aux fruits noirs

Donne un gâteau de 25 cm/10 po

225 g/8 oz/1 tasse de fruits mélangés glacés (confits) hachés

350 g/12 oz/2 tasses de dattes dénoyautées, hachées

225 g/8 oz/11/3 tasses de raisins secs

225 g/8 oz/1 tasse de cerises glacées (confites), hachées

100 g/4 oz/½ tasse d'ananas glacé (confit), haché

100 g/4 oz/1 tasse de noix mélangées hachées

225 g/8 oz/2 tasses de farine ordinaire (tout usage)

5 ml/1 cuillère à café de bicarbonate de soude (bicarbonate de soude)

5 ml/1 cuillère à café de cannelle moulue

2,5 ml/½ c. à thé de piment de la Jamaïque

1,5 ml/¼ c. à thé de clous de girofle moulus

1,5 ml/¼ cuillère à café de sel

225 g/8 oz/1 tasse de saindoux (shortening)

225 g/8 oz/1 tasse de cassonade douce

3 oeufs

175 g/6 oz/½ tasse de mélasse noire (mélasse)

2,5 ml/½ cuillère à café d'essence de vanille (extrait)

120 ml/4 oz/½ tasse de babeurre

Mélanger les fruits et les noix. Mélanger la farine, le bicarbonate de soude, les épices et le sel et incorporer 50 g/2 oz/ ½ tasse dans les fruits. Crémer ensemble le saindoux et le sucre jusqu'à consistance légère et mousseuse. Ajouter les oeufs petit à petit en battant bien après chaque ajout. Incorporer la mélasse et l'essence de vanille.

Incorporer le babeurre en alternance avec le reste du mélange de farine et battre jusqu'à consistance lisse. Incorporer les fruits. Verser dans un moule à cake de 25 cm/10 po graissé et chemisé et cuire dans un four préchauffé à 140°C/275°F/thermostat 1 pendant 2h30 jusqu'à ce qu'un cure-dent inséré au centre en ressorte propre. Laisser refroidir dans le moule pendant 10 minutes, puis démouler sur une grille pour terminer le refroidissement.

Gâteau coupé et recommencé

Donne un gâteau de 20 cm/8 po

275 g/10 oz/12/3 tasses de fruits séchés mélangés (mélange pour gâteau aux fruits)

100 g/4 oz/½ tasse de beurre ou de margarine

150 ml/¼ pt/2/3 tasse d'eau

1 oeuf, battu

225 g/8 oz/2 tasses de farine ordinaire (tout usage)

Une pincée de sel

100 g/4 oz/½ tasse de sucre en poudre (superfin)

Mettre les fruits, le beurre ou la margarine et l'eau dans une casserole et laisser mijoter pendant 20 minutes. Laisser refroidir. Ajouter l'oeuf, puis incorporer progressivement la farine, le sel et le sucre. Versez dans un moule à cake graissé de 20 cm/8 po et faites cuire dans un four préchauffé à 160°C/325°F/thermostat 3 pendant 1h15 jusqu'à ce qu'un cure-dent inséré au centre en ressorte propre.

Gâteau Dundee

Donne un gâteau de 20 cm/8 po

225 g/8 oz/1 tasse de beurre ou de margarine, ramolli

225 g/8 oz/1 tasse de sucre en poudre (superfin)

4 gros œufs

225 g/8 oz/2 tasses de farine ordinaire (tout usage)

Une pincée de sel

350 g/12 oz/2 tasses de raisins de Corinthe

350 g/12 oz/2 tasses de raisins secs (raisins dorés)

175 g/6 oz/1 tasse d'écorces mélangées hachées (confites)

100 g/4 oz/1 tasse de cerises glacées (confites), coupées en quartiers

Zeste râpé de ½ citron

50 g/2 oz d'amandes entières, blanchies

Crémer ensemble le beurre et le sucre jusqu'à ce qu'ils soient pâles et légers. Incorporer les œufs un à un en battant bien entre chaque ajout. Incorporer la farine et le sel. Incorporer les fruits et le zeste de citron. Hacher la moitié des amandes et les ajouter au mélange. Verser dans un moule à gâteau graissé et tapissé de 20 cm/8 po et attacher une bande de papier brun autour de l'extérieur du moule de sorte qu'il soit environ 5 cm/2 po plus haut que le moule. Fendez les amandes réservées et disposez-les en cercles concentriques sur le dessus du gâteau. Cuire dans un four préchauffé à 150°C/300°F/thermostat 2 pendant 3h30 jusqu'à ce qu'un cure-dent inséré au centre en ressorte propre. Vérifier au bout de 2h30 et si le gâteau commence à trop dorer sur le dessus, recouvrir de papier sulfurisé (ciré) humide et baisser la température du four à 140°C/275°F/thermostat 1 pour la dernière heure de cuisson.

Gâteau aux fruits sans œufs

Donne un gâteau de 20 cm/8 po

50 g/2 oz/¼ tasse de beurre ou de margarine

225 g/8 oz/2 tasses de farine auto-levante (auto-levante)

5 ml/1 cuillère à café de bicarbonate de soude (bicarbonate de soude)

5 ml/1 cuillère à café de noix de muscade râpée

5 ml/1 c. à thé d'épices mélangées moulues (tarte aux pommes)

Une pincée de sel

225 g/8 oz/11/3 tasses de fruits séchés mélangés (mélange pour gâteau aux fruits)

100 g/4 oz/½ tasse de cassonade douce

250 ml/8 oz/1 tasse de lait

Frotter le beurre ou la margarine dans la farine, le bicarbonate de soude, les épices et le sel jusqu'à ce que le mélange ressemble à de la chapelure. Incorporer les fruits et le sucre, puis incorporer le lait jusqu'à ce que tous les ingrédients soient bien mélangés. Couvrir et laisser une nuit.

Versez le mélange dans un moule à cake de 20 cm de diamètre graissé et chemisé et faites cuire dans un four préchauffé à 180°C/350°F/thermostat 4 pendant 1h30 jusqu'à ce qu'un cure-dent inséré au centre en ressorte propre.

Gâteau aux fruits infaillible

Donne un gâteau de 23 cm/9 po

225 g/8 oz/1 tasse de beurre ou de margarine

200 g / 7 oz / à peine 1 tasse de sucre en poudre (superfin)

175 g/6 oz/1 tasse de groseilles

175 g/6 oz/1 tasse de raisins secs (raisins dorés)

50 g/2 oz/½ tasse d'écorces mélangées hachées (confites)

75 g/3 oz/½ tasse de dattes denoyautees (denoyautees), hachées

5 ml/1 cuillère à café de bicarbonate de soude (bicarbonate de soude)

200 ml/7 fl oz/seulement 1 tasse d'eau

75 g/2 oz/¼ tasse de cerises glacées (confites), hachées

100 g/4 oz/1 tasse de noix mélangées hachées

60 ml/4 cuillères à soupe de cognac ou de xérès

300 g/11 oz/2¾ tasses de farine ordinaire (tout usage)

5 ml/1 cuillère à café de levure chimique

Une pincée de sel

2 oeufs, légèrement battus

Faire fondre le beurre ou la margarine, puis incorporer le sucre, les raisins de Corinthe, les raisins secs, le mélange d'écorces et les dattes. Mélanger le bicarbonate de soude avec un peu d'eau et incorporer au mélange de fruits avec l'eau restante. Porter à ébullition, puis laisser mijoter doucement pendant 20 minutes en remuant de temps en temps. Couvrir et laisser reposer une nuit.

Graisser et tapisser un moule à gâteau (moule) de 23 cm/9 po et attacher une double couche de papier sulfurisé (ciré) ou brun pour se tenir au-dessus du haut du moule. Incorporer les cerises glacées, les noix et le cognac ou le xérès dans le mélange, puis incorporer la farine, la poudre à pâte et le sel. Incorporer les œufs. Versez dans le moule à cake préparé et faites cuire dans un four préchauffé à 160°C/ 325°F/thermostat 3 pendant 1 heure. Baisser la température du four à 140°C/275°F/thermostat 1 et cuire encore 1 heure. Baisser à nouveau la température du four à 120°C/250°F/thermostat ½ et cuire encore 1 heure jusqu'à ce qu'un cure-dent inséré au centre en ressorte propre. Couvrir le dessus du gâteau d'un cercle de papier sulfurisé ou brun vers la fin de la cuisson s'il est trop doré. Laisser refroidir dans le moule pendant 30 minutes, puis démouler sur une grille pour terminer le refroidissement.

Gâteau aux fruits au gingembre

Donne un gâteau de 18 cm/7 po

100 g/4 oz/½ tasse de beurre ou de margarine, ramolli

100 g/4 oz/½ tasse de sucre en poudre (superfin)

2 oeufs, légèrement battus

30 ml/2 cuillères à soupe de lait

225 g/8 oz/2 tasses de farine auto-levante (auto-levante)

5 ml/1 cuillère à café de levure chimique

10 ml/2 c. à thé d'épices mélangées moulues (tarte aux pommes)

5 ml/1 cuillère à café de gingembre moulu

100 g/4 oz/2/3 tasse de raisins secs

100 g/4 oz/2/3 tasse de raisins secs (raisins dorés)

Crémer ensemble le beurre ou la margarine et le sucre jusqu'à consistance légère et mousseuse. Incorporer progressivement les œufs et le lait, puis incorporer la farine, la levure chimique et les épices, puis les fruits. Verser le mélange dans un moule à cake graissé et tapissé de 18 cm/7 po et faire cuire dans un four préchauffé à 160°C/325°F/thermostat 3 pendant 1h15 jusqu'à ce qu'il soit bien gonflé et doré.

Gâteau aux fruits et au miel de la ferme

Donne un gâteau de 20 cm/8 po

175 g/6 oz/2/3 tasse de beurre ou de margarine, ramolli

175 g/6 oz/½ tasse de miel clair

zeste râpé de 1 citron

3 oeufs, légèrement battus

225 g/8 oz/2 tasses de farine complète (complète)

10 ml / 2 cuillères à café de levure chimique

5 ml/1 c. à thé d'épices mélangées moulues (tarte aux pommes)

100 g/4 oz/2/3 tasse de raisins secs

100 g/4 oz/2/3 tasse de raisins secs (raisins dorés)

100 g/4 oz/2/3 tasse de groseilles

50 g/2 oz/1/3 tasse d'abricots secs prêts-à-manger, hachés

50 g/2 oz/1/3 tasse d'écorces mélangées hachées (confites)

25 g/1 oz/¼ tasse d'amandes moulues

25 g/1 oz/¼ tasse d'amandes

Crémer ensemble le beurre ou la margarine, le miel et le zeste de citron jusqu'à consistance légère et mousseuse. Ajouter progressivement les œufs, puis incorporer la farine, la levure chimique et le mélange d'épices. Incorporer les fruits et les amandes moulues. Verser dans un moule à cake beurré et chemisé de 20 cm/8 po et faire un léger creux au centre. Disposez les amandes tout autour du bord supérieur du gâteau. Cuire dans un four préchauffé à 160°C/325°F/thermostat 3 pendant 2h à 2h30 jusqu'à ce qu'un cure-dent inséré au centre en ressorte propre. Couvrir le dessus du gâteau avec du papier sulfurisé (ciré) vers la fin du temps de cuisson s'il brunit trop. Laisser refroidir dans le moule pendant 10 minutes avant de démouler sur une grille pour terminer le refroidissement.

Gâteau de Gênes

Donne un gâteau de 23 cm/9 po

225 g/8 oz/1 tasse de beurre ou de margarine, ramolli

100 g/4 oz/½ tasse de sucre en poudre (superfin)

4 œufs, séparés

5 ml/1 cuillère à café d'essence d'amande (extrait)

5 ml/1 cuillère à café de zeste d'orange râpé

225 g/8 oz/11/3 tasses de raisins secs, hachés

100 g/4 oz/2/3 tasse de raisins de Corinthe, hachés

100 g/4 oz/2/3 tasse de raisins secs (raisins dorés), hachés

50 g/2 oz/¼ tasse de cerises glacées (confites), hachées

50 g/2 oz/1/3 tasse d'écorces mélangées hachées (confites)

100 g/4 oz/1 tasse d'amandes moulues

25 g/1 oz/¼ tasse d'amandes

350 g/12 oz/3 tasses de farine ordinaire (tout usage)

10 ml / 2 cuillères à café de levure chimique

5 ml/1 cuillère à café de cannelle moulue

Crémer ensemble le beurre ou la margarine et le sucre, puis incorporer les jaunes d'œufs, l'essence d'amande et le zeste d'orange. Mélanger les fruits et les noix avec un peu de farine jusqu'à ce qu'ils soient enrobés, puis incorporer des cuillerées de farine, de levure chimique et de cannelle en alternance avec des cuillerées du mélange de fruits jusqu'à ce que tout soit bien mélangé. Fouetter les blancs d'œufs en neige ferme, puis les incorporer au mélange. Verser dans un moule à cake graissé et chemisé de 23 cm/9 po et cuire dans un four préchauffé à 190°C/375°F/thermostat 5 pendant 30 minutes, puis baisser la température du four à 160°C/325° Marque F/gaz 3 pendant encore 1h30 jusqu'à ce qu'il soit élastique au toucher et qu'une brochette insérée au centre en ressorte propre. Laisser refroidir dans le moule.

Gâteau aux fruits glacés

Donne un gâteau de 23 cm/9 po

225 g/8 oz/1 tasse de beurre ou de margarine, ramolli

225 g/8 oz/1 tasse de sucre en poudre (superfin)

4 oeufs, légèrement battus

45 ml/3 cuillères à soupe de cognac

250 g/9 oz/1¼ tasse de farine ordinaire (tout usage)

2,5 ml/½ cuillère à café de levure chimique

Une pincée de sel

225 g/8 oz/1 tasse de fruits glacés (confits) mélangés tels que cerises, ananas, oranges, figues, tranchés

100 g/4 oz/2/3 tasse de raisins secs

100 g/4 oz/2/3 tasse de raisins secs (raisins dorés)

75 g/3 oz/½ tasse de groseilles

50 g/2 oz/½ tasse de noix mélangées hachées

zeste râpé de 1 citron

Crémer ensemble le beurre ou la margarine et le sucre jusqu'à consistance légère et mousseuse. Incorporer progressivement les œufs et le cognac. Dans un autre bol, mélanger le reste des ingrédients jusqu'à ce que les fruits soient bien enrobés de farine. Incorporer au mélange et bien mélanger. Versez dans un moule à cake beurré de 23 cm/9 po et faites cuire dans un four préchauffé à 180°C/ 350°F/thermostat 4 pendant 30 minutes. Baisser la température du four à 150°C/300°F/thermostat 3 et cuire encore 50 minutes jusqu'à ce qu'un cure-dent inséré au centre en ressorte propre.

Gâteau aux fruits à la Guinness

Donne un gâteau de 23 cm/9 po

225 g/8 oz/1 tasse de beurre ou de margarine

225 g/8 oz/1 tasse de cassonade douce

300 ml/½ pt/1¼ tasse Guinness ou stout

225 g/8 oz/11/3 tasses de raisins secs

225 g/8 oz/11/3 tasses de raisins secs (raisins dorés)

225 g/8 oz/11/3 tasses de groseilles

100 g/4 oz/2/3 tasse d'écorces mélangées hachées (confites)

550 g/1¼ lb/5 tasses de farine ordinaire (tout usage)

2,5 ml/½ cuillère à café de bicarbonate de soude (bicarbonate de soude)

5 ml/1 c. à thé d'épices mélangées moulues (tarte aux pommes)

2,5 ml/½ cuillère à café de noix de muscade râpée

3 oeufs, légèrement battus

Porter à ébullition le beurre ou la margarine, le sucre et la Guinness dans une petite casserole à feu doux en remuant jusqu'à ce que le tout soit bien mélangé. Incorporer les fruits et les écorces mélangées, porter à ébullition, puis laisser mijoter 5 minutes. Retirer du feu et laisser refroidir.

Mélanger la farine, le bicarbonate de soude et les épices et faire un puits au centre. Ajouter le mélange de fruits frais et les œufs et mélanger jusqu'à ce que le tout soit bien mélangé. Verser dans un moule à cake de 23 cm/9 po graissé et chemisé et faire cuire dans un four préchauffé à 160°C/325°F/thermostat 3 pendant 2 heures jusqu'à ce qu'un cure-dent inséré au centre en ressorte propre. Laisser refroidir dans le moule pendant 20 minutes, puis démouler sur une grille pour terminer le refroidissement.

Gâteau à la viande hachée

Donne un gâteau de 20 cm/8 po

225 g/8 oz/2 tasses de farine auto-levante (auto-levante)

350 g/12 oz/2 tasses de viande hachée

75 g/3 oz/½ tasse de fruits séchés mélangés (mélange pour gâteau aux fruits)

3 oeufs

150 g/5 oz/2/3 tasse de margarine molle

150 g/5 oz/2/3 tasse de cassonade douce

Mélanger tous les ingrédients jusqu'à ce qu'ils soient bien mélangés. Versez dans un moule à cake de 20 cm de diamètre beurré et chemisé et faites cuire dans un four préchauffé à 160°C/325°F/thermostat 3 pendant 1h30 jusqu'à ce qu'il soit bien gonflé et ferme au toucher.

Gâteau aux fruits à l'avoine et à l'abricot

Donne un gâteau de 20 cm/8 po

175 g/6 oz/¾ tasse de beurre ou de margarine, ramolli

50 g/2 oz/¼ tasse de cassonade douce

30 ml/2 cuillères à soupe de miel clair

3 oeufs, battus

175 g/6 oz/¼ tasses de farine complète (complète)

50 g/2 oz/½ tasse de farine d'avoine

10 ml / 2 cuillères à café de levure chimique

250 g/9 oz/1½ tasses de fruits séchés mélangés (mélange pour gâteau aux fruits)

50 g/2 oz/1/3 tasse d'abricots secs prêts-à-manger, hachés

Zeste râpé et jus de 1 citron

Crémer le beurre ou la margarine et le sucre avec le miel jusqu'à consistance légère et mousseuse. Incorporer les œufs petit à petit en alternant avec les farines et la levure chimique. Incorporer les fruits secs et le jus et le zeste de citron. Verser dans un moule à cake beurré et chemisé de 20 cm/8 po et faire cuire dans un four préchauffé à 180°C/350°F/thermostat 4 pendant 1 heure. Baisser la température du four à 160°C/325°F/thermostat 3 et cuire encore 30 minutes jusqu'à ce qu'un cure-dent inséré au centre en ressorte propre. Recouvrez le dessus de papier sulfurisé si le gâteau commence à dorer trop vite.

Gâteau aux fruits du jour au lendemain

Donne un gâteau de 20 cm/8 po

450 g/1 lb/4 tasses de farine ordinaire (tout usage)

225 g/8 oz/1 1/3 tasses de groseilles

225 g/8 oz/1 1/3 tasses de raisins secs (raisins dorés)

225 g/8 oz/1 tasse de cassonade douce

50 g/2 oz/1/3 tasse d'écorces mélangées hachées (confites)

175 g/6 oz/¾ tasse de saindoux (shortening)

15 ml/1 cuillère à soupe de sirop doré (maïs léger)

10 ml/2 cuillères à café de bicarbonate de soude (bicarbonate de soude)

15 ml/1 cuillère à soupe de lait

300 ml/½ pt/1¼ tasse d'eau

Mélanger la farine, les fruits, le sucre et le zeste. Faire fondre le saindoux et le sirop et incorporer au mélange. Dissoudre le bicarbonate de soude dans le lait et incorporer au mélange à gâteau avec l'eau. Verser dans un moule à cake beurré de 20 cm/8 po, couvrir et laisser reposer une nuit.

Cuire le gâteau dans un four préchauffé à 160°C/375°F/thermostat 3 pendant 1h30 jusqu'à ce qu'un cure-dent inséré au centre en ressorte propre.

Gâteau aux raisins secs et aux épices

Donne un pain de 900 g/2 lb

225 g/8 oz/1 tasse de cassonade douce

300 ml/½ pt/1¼ tasse d'eau

100 g/4 oz/½ tasse de beurre ou de margarine

15 ml/1 cuillère à soupe de mélasse noire (mélasse)

175 g/6 oz/1 tasse de raisins secs

5 ml/1 cuillère à café de cannelle moulue

2. 5 ml/½ cuillère à café de noix de muscade râpée

2,5 ml/½ c. à thé de piment de la Jamaïque

225 g/8 oz/2 tasses de farine ordinaire (tout usage)

5 ml/1 cuillère à café de levure chimique

5 ml/1 cuillère à café de bicarbonate de soude (bicarbonate de soude)

Faire fondre le sucre, l'eau, le beurre ou la margarine, la mélasse, les raisins secs et les épices dans une petite casserole à feu moyen en remuant continuellement. Porter à ébullition et laisser mijoter 5 minutes. Retirer du feu et incorporer le reste des ingrédients. Versez le mélange dans un moule à cake de 900 g/2 lb graissé et chemisé et faites cuire dans un four préchauffé à 180°C/350°F/thermostat 4 pendant 50 minutes jusqu'à ce qu'un cure-dent inséré au centre en ressorte propre.

Gâteau Richmond

Donne un gâteau de 15 cm/6 po

225 g/8 oz/2 tasses de farine ordinaire (tout usage)

Une pincée de sel

75 g/3 oz/1/3 tasse de beurre ou de margarine

100 g/4 oz/½ tasse de sucre en poudre (superfin)

2,5 ml/½ cuillère à café de levure chimique

100 g/4 oz/2/3 tasse de groseilles

2 œufs, battus

Un peu de lait

Mettez la farine et le sel dans un bol et frottez-les avec le beurre ou la margarine jusqu'à ce que le mélange ressemble à de la chapelure. Incorporer le sucre, la poudre à pâte et les raisins de Corinthe. Ajouter les œufs et suffisamment de lait pour obtenir une pâte ferme. Verser dans un moule à cake beurré et chemisé de 15 cm. Cuire au four préchauffé à 190°C/375°F/thermostat 5 pendant environ 45 minutes jusqu'à ce qu'un cure-dent inséré au centre en ressorte propre. Laisser refroidir sur une grille.

Gâteau aux fruits au safran

Donne deux gâteaux de 450 g/1 lb

2,5 ml/½ cuillère à café de brins de safran

Eau chaude

15 g/½ oz de levure fraîche ou 20 ml/ 4 càc de levure sèche

900 g/2 lb/8 tasses de farine ordinaire (tout usage)

225 g/8 oz/1 tasse de sucre en poudre (superfin)

2,5 ml/½ c. à thé d'épices mélangées moulues (tarte aux pommes)

Une pincée de sel

100 g/4 oz/½ tasse de saindoux (shortening)

100 g/4 oz/½ tasse de beurre ou de margarine

300 ml/½ pt/1¼ tasse de lait chaud

350 g/12 oz/2 tasses de fruits séchés mélangés (mélange pour gâteau aux fruits)

50 g / 2 oz / 1/3 tasse d'écorces mélangées hachées (confites)

> Hachez les brins de safran et faites-les tremper dans 45 ml/3 cuillères à soupe d'eau tiède pendant une nuit.

Mélangez la levure avec 30 ml/2 cuillères à soupe de farine, 5 ml/1 cuillère à café de sucre et 75 ml/5 cuillères à soupe d'eau tiède et laissez reposer dans un endroit chaud pendant 20 minutes jusqu'à ce qu'elle soit mousseuse.

Mélanger le reste de farine et de sucre avec les épices et le sel. Frotter le saindoux et le beurre ou la margarine jusqu'à ce que le mélange ressemble à de la chapelure, puis faire un puits au centre. Ajouter le mélange de levure, le liquide de safran et de safran, le lait chaud, les fruits et les écorces mélangées et mélanger pour obtenir une pâte molle. Placer dans un bol huilé, couvrir d'un film alimentaire (pellicule plastique) et laisser dans un endroit chaud pendant 3 heures.

Façonner en deux pains, placer dans deux moules à pain graissés de 450 g/1 lb (moules) et cuire dans un four préchauffé à 220°C/450°F/thermostat 7 pendant 40 minutes jusqu'à ce qu'ils soient bien gonflés et dorés.

Gâteau aux fruits soda

Donne un gâteau de 450 g/1 lb

225 g/8 oz/2 tasses de farine ordinaire (tout usage)

1,5 ml/¼ cuillère à café de sel

Une pincée de bicarbonate de soude (bicarbonate de soude)

50 g/2 oz/¼ tasse de beurre ou de margarine

50 g/2 oz/¼ tasse de sucre en poudre (superfin)

100 g/4 oz/2/3 tasse de fruits séchés mélangés (mélange pour gâteau aux fruits)

150 ml/¼ pt/2/3 tasse de lait aigre ou de lait avec 5 ml/1 cuillère à café de jus de citron

5 ml/1 cuillère à café de mélasse noire (mélasse)

Mélanger la farine, le sel et le bicarbonate de soude dans un bol. Frotter le beurre ou la margarine jusqu'à ce que le mélange ressemble à de la chapelure. Incorporer le sucre et les fruits et bien mélanger. Chauffer le lait et la mélasse jusqu'à ce que la mélasse ait fondu, puis ajouter aux ingrédients secs et mélanger pour obtenir une pâte ferme. Verser dans un moule à cake graissé de 450 g/1 lb (moule) et faire cuire dans un four préchauffé à 190°C/375°F/thermostat 5 pendant environ 45 minutes jusqu'à ce qu'ils soient dorés.

Gâteau aux fruits rapide

Donne un gâteau de 20 cm/8 po

450 g/1 lb/22/3 tasses de fruits séchés mélangés (mélange pour gâteau aux fruits)

225 g/8 oz/1 tasse de cassonade douce

100 g/4 oz/½ tasse de beurre ou de margarine

150 ml/¼ pt/2/3 tasse d'eau

2 œufs, battus

225 g/8 oz/2 tasses de farine auto-levante (auto-levante)

Porter à ébullition les fruits, le sucre, le beurre ou la margarine et l'eau, puis couvrir et laisser mijoter doucement pendant 15 minutes. Laisser refroidir. Battez les œufs et la farine, puis versez le mélange dans un moule à gâteau de 20 cm/8 po graissé et chemisé et faites cuire dans un four préchauffé à 150°C/300°F/thermostat 3 pendant 1h30 jusqu'à ce que le dessus soit doré et qu'il rétrécisse. loin des parois du moule.

Gâteau aux fruits au thé chaud

Donne un gâteau de 900 g/2 lb

450 g/1 lb/2½ tasses de fruits séchés mélangés (mélange pour gâteau aux fruits)

300 ml/½ pt/1¼ tasse de thé noir chaud

350 g/10 oz/1¼ tasse de cassonade douce

350 g/10 oz/2½ tasses de farine auto-levante (auto-levante)

1 oeuf, battu

Placer les fruits dans le thé chaud et laisser tremper toute la nuit. Incorporer le sucre, la farine et l'œuf et verser dans un moule à cake de 900 g/2 lb graissé et chemisé. Cuire au four préchauffé à 160°C/325°F/thermostat 3 pendant 2 heures jusqu'à ce qu'ils soient bien gonflés et dorés.

Gâteau aux fruits au thé froid

Donne un gâteau de 15 cm/6 po

100 g/4 oz/½ tasse de beurre ou de margarine

225 g/8 oz/11/3 tasses de fruits séchés mélangés (mélange pour gâteau aux fruits)

250 ml/8 fl oz/1 tasse de thé noir froid

225 g/8 oz/2 tasses de farine auto-levante (auto-levante)

100 g/4 oz/½ tasse de sucre en poudre (superfin)

5 ml/1 cuillère à café de bicarbonate de soude (bicarbonate de soude)

1 œuf large

Faire fondre le beurre ou la margarine dans une casserole, ajouter les fruits et le thé et porter à ébullition. Laisser mijoter 2 minutes, puis laisser refroidir. Incorporer le reste des ingrédients et bien mélanger. Verser dans un moule à cake de 15 cm/6 po graissé et chemisé et cuire dans un four préchauffé à 160°C/325°F/thermostat 3 pendant 1h30 à 1h30 jusqu'à ce qu'il soit ferme au toucher. Laisser refroidir puis servir coupé en tranches et tartiné de beurre.

Gâteau aux fruits sans sucre

Donne un gâteau de 20 cm/8 po

4 abricots secs

60 ml/4 cuillères à soupe de jus d'orange

250 ml/8 fl oz/1 tasse de stout

100 g/4 oz/2/3 tasse de raisins secs (raisins dorés)

100 g/4 oz/2/3 tasse de raisins secs

50 g/2 oz/¼ tasse de groseilles

50 g/2 oz/¼ tasse de beurre ou de margarine

225 g/8 oz/2 tasses de farine auto-levante (auto-levante)

75 g/3 oz/¾ tasse de noix mélangées hachées

10 ml/2 c. à thé d'épices mélangées moulues (tarte aux pommes)

5 ml/1 cuillère à café de poudre de café instantané

3 oeufs, légèrement battus

15 ml/1 cuillère à soupe de cognac ou de whisky

Faire tremper les abricots dans le jus d'orange jusqu'à ce qu'ils soient tendres, puis les hacher. Mettre dans une casserole avec le stout, les fruits secs et le beurre ou la margarine, porter à ébullition puis laisser mijoter 20 minutes. Laisser refroidir.

Mélanger la farine, les noix, les épices et le café. Incorporer le mélange de stout, les œufs et le brandy ou le whisky. Versez le mélange dans un moule à cake de 20 cm de diamètre beurré et chemisé et faites cuire dans un four préchauffé à 180°C/350°F/thermostat 4 pendant 20 minutes. Baisser la température du four à 150°C/300°F/thermostat 2 et cuire encore 1h30 jusqu'à ce qu'un cure-dent inséré au centre en ressorte propre. Couvrir le dessus de papier sulfurisé (ciré) vers la fin du temps de cuisson s'il brunit trop. Laisser refroidir dans le moule pendant 10 minutes avant de démouler sur une grille pour terminer le refroidissement.

Petits gâteaux aux fruits

Donne 48

100 g/4 oz/½ tasse de beurre ou de margarine, ramolli

225 g/8 oz/1 tasse de cassonade douce

2 oeufs, légèrement battus

175 g/6 oz/1 tasse de dattes dénoyautées (dénoyautées), hachées

50 g/2 oz/½ tasse de noix mélangées hachées

15 ml/1 cuillère à soupe de zeste d'orange râpé

225 g/8 oz/2 tasses de farine ordinaire (tout usage)

5 ml/1 cuillère à café de bicarbonate de soude (bicarbonate de soude)

2,5 ml/½ cuillère à café de sel

150 ml/¼ pt/2/3 tasse de babeurre

6 cerises glacées (confites), tranchées

Glaçage au gâteau aux fruits à l'orange

Crémer le beurre ou la margarine et le sucre jusqu'à consistance légère et mousseuse. Battre les œufs petit à petit. Incorporer les dattes, les noix et le zeste d'orange. Mélanger la farine, le bicarbonate de soude et le sel. Ajouter au mélange en alternance avec le babeurre et battre jusqu'à ce que le tout soit bien mélangé. Verser dans des moules à muffins de 5 cm/2 po graissés et décorer avec les cerises. Cuire dans un four préchauffé à 190°C/375°F/thermostat 5 pendant 20 minutes jusqu'à ce qu'un cure-dent inséré au centre en ressorte propre. Transférer sur une grille de refroidissement et laisser jusqu'à ce qu'il soit juste chaud, puis badigeonner avec le glaçage à l'orange.

Gâteau aux fruits au vinaigre

Donne un gâteau de 23 cm/9 po

225 g/8 oz/1 tasse de beurre ou de margarine

450 g/1 lb/4 tasses de farine ordinaire (tout usage)

225 g/8 oz/11/3 tasses de raisins secs (raisins dorés)

100 g/4 oz/2/3 tasse de raisins secs

100 g/4 oz/2/3 tasse de groseilles

225 g/8 oz/1 tasse de cassonade douce

5 ml/1 cuillère à café de bicarbonate de soude (bicarbonate de soude)

300 ml/½ pt/1¼ tasse de lait

45 ml/3 cuillères à soupe de vinaigre de malt

Frotter le beurre ou la margarine dans la farine jusqu'à ce que le mélange ressemble à de la chapelure. Incorporer les fruits et le sucre et faire un puits au centre. Mélangez le bicarbonate de soude, le lait et le vinaigre – le mélange va mousser. Incorporer aux ingrédients secs jusqu'à ce qu'ils soient bien mélangés. Verser le mélange dans un moule à cake graissé et chemisé de 23 cm/9 po et faire cuire dans un four préchauffé à 200°C/400°F/thermostat 6 pendant 25 minutes. Baissez la température du four à 160°C/325°F/thermostat 3 et faites cuire encore 1h30 jusqu'à ce qu'ils soient dorés et fermes au toucher. Laisser refroidir dans le moule pendant 5 minutes, puis démouler sur une grille pour terminer le refroidissement.

Gâteau au whisky de Virginie

Donne un gâteau de 450 g/1 lb

100 g/4 oz/½ tasse de beurre ou de margarine, ramolli

50 g/2 oz/¼ tasse de sucre en poudre (superfin)

3 œufs, séparés

175 g/6 oz/1½ tasse de farine ordinaire (tout usage)

5 ml/1 cuillère à café de levure chimique

Une pincée de muscade râpée

Une pincée de masse moulue

Port de 120 ml/4 oz liq./½ tasse

30 ml/2 cuillères à soupe de cognac

100 g/4 oz/2/3 tasse de fruits séchés mélangés (mélange pour gâteau aux fruits)

120 ml/4 oz/½ tasse de whisky

Crémer ensemble le beurre et le sucre jusqu'à consistance lisse. Incorporer les jaunes d'œufs. Mélanger la farine, la levure chimique et les épices et incorporer au mélange. Incorporer le porto, le brandy et les fruits séchés. Fouetter les blancs d'œufs jusqu'à ce qu'ils forment des pics mous, puis les incorporer au mélange. Versez dans un moule à cake beurré de 450 g/1 lb et faites cuire dans un four préchauffé à 160°C/ 325°F/thermostat 3 pendant 1 heure jusqu'à ce qu'un cure-dent inséré au centre en ressorte propre. Laisser refroidir dans le moule, puis verser le whisky sur le gâteau et laisser reposer 24h avant de découper.

Gâteau aux fruits gallois

Donne un gâteau de 23 cm/9 po

50 g/2 oz/¼ tasse de beurre ou de margarine

50 g/2 oz/¼ tasse de saindoux (shortening)

225 g/8 oz/2 tasses de farine ordinaire (tout usage)

Une pincée de sel

10 ml / 2 cuillères à café de levure chimique

100 g/4 oz/½ tasse de sucre demerara

175 g/6 oz/1 tasse de fruits séchés mélangés (mélange pour gâteau aux fruits)

Zeste râpé et jus de ½ citron

1 oeuf, légèrement battu

30 ml/2 cuillères à soupe de lait

Frottez le beurre ou la margarine et le saindoux dans la farine, le sel et la levure chimique jusqu'à ce que le mélange ressemble à de la chapelure. Incorporer le sucre, les fruits et le zeste et le jus de citron, puis incorporer l'œuf et le lait et pétrir jusqu'à l'obtention d'une pâte molle. Façonner dans un moule carré de 23 cm / 9 po graissé et chemisé et cuire dans un four préchauffé à 200 ° C / 400 ° F / thermostat 6 pendant 20 minutes jusqu'à ce qu'il soit gonflé et doré.

Gâteau aux fruits blancs

Donne un gâteau de 23 cm/9 po

100 g/4 oz/½ tasse de beurre ou de margarine, ramolli

225 g/8 oz/1 tasse de sucre en poudre (superfin)

5 œufs, légèrement battus

350 g/12 oz/2 tasses de fruits séchés mélangés

350 g/12 oz/2 tasses de raisins secs (raisins dorés)

100 g/4 oz/2/3 tasse de dattes dénoyautées (dénoyautées), hachées

100 g/4 oz/½ tasse de cerises glacées (confites), hachées

100 g/4 oz/½ tasse d'ananas glacé (confit), haché

100 g/4 oz/1 tasse de noix mélangées hachées

225 g/8 oz/2 tasses de farine ordinaire (tout usage)

10 ml / 2 cuillères à café de levure chimique

2,5 ml/½ cuillère à café de sel

60 ml/4 cuillères à soupe de jus d'ananas

Crémer ensemble le beurre ou la margarine et le sucre jusqu'à consistance légère et mousseuse. Ajouter les oeufs petit à petit en battant bien après chaque ajout. Mélanger tous les fruits, les noix et un peu de farine jusqu'à ce que les ingrédients soient bien enrobés de farine. Mélanger la poudre à pâte et le sel dans le reste de la farine, puis l'incorporer au mélange d'œufs en alternance avec le jus d'ananas jusqu'à homogénéité. Incorporer les fruits et bien mélanger. Verser dans un moule à cake graissé et chemisé de 23 cm/9 po et cuire dans un four préchauffé à 140°C/275°F/thermostat 1 pendant environ 2h30 jusqu'à ce qu'un cure-dent inséré au centre en ressorte propre. Laisser refroidir dans le moule pendant 10 minutes avant de démouler sur une grille pour terminer le refroidissement.

Gâteau aux pommes

Donne un gâteau de 20 cm/8 po

175 g/6 oz/1½ tasse de farine auto-levante (auto-levante)

5 ml/1 cuillère à café de levure chimique

Une pincée de sel

150 g/5 oz/2/3 tasse de beurre ou de margarine

150 g/5 oz/2/3 tasse de sucre en poudre (superfin)

1 oeuf, battu

175 ml/6 oz liq./¾ tasse de lait

3 pommes de table (à dessert), pelées, évidées et tranchées

2,5 ml/½ cuillère à café de cannelle moulue

15 ml/1 cuillère à soupe de miel clair

Mélanger la farine, la poudre à pâte et le sel. Frotter le beurre ou la margarine jusqu'à ce que le mélange ressemble à de la chapelure, puis incorporer le sucre. Mélanger l'œuf et le lait. Verser le mélange dans un moule à cake de 20 cm/8 po graissé et chemisé et presser délicatement les tranches de pomme sur le dessus. Saupoudrer de cannelle et arroser de miel. Cuire dans un four préchauffé à 200°C/400°F/thermostat 6 pendant 45 minutes jusqu'à ce qu'ils soient dorés et fermes au toucher.

Gâteau croustillant aux pommes épicées

Donne un gâteau de 20 cm/8 po

75 g/3 oz/1/3 tasse de beurre ou de margarine

175 g/6 oz/1½ tasse de farine auto-levante (auto-levante)

50 g/2 oz/¼ tasse de sucre en poudre (superfin)

1 oeuf

75 ml/5 cuillères à soupe d'eau

3 pommes de table (à dessert), pelées, évidées et coupées en quartiers

Pour la garniture :

75 g/3 oz/1/3 tasse de sucre demerara

10 ml/2 cuillères à café de cannelle moulue

25 g/1 oz/2 cuillères à soupe de beurre ou de margarine

Frotter le beurre ou la margarine dans la farine jusqu'à ce que le mélange ressemble à de la chapelure. Incorporer le sucre, puis mélanger l'œuf et l'eau pour faire une pâte molle. Ajouter un peu d'eau si le mélange est trop sec. Étaler la pâte dans un moule à cake de 20 cm/8 po et presser les pommes dans la pâte. Saupoudrer de sucre demerara et de cannelle et parsemer de beurre ou de margarine. Cuire dans un four préchauffé à 180°C/350°F/thermostat 4 pendant 30 minutes jusqu'à ce qu'ils soient dorés et fermes au toucher.

Gâteau américain aux pommes

Donne un gâteau de 20 cm/8 po

50 g/2 oz/¼ tasse de beurre ou de margarine, ramolli

225 g/8 oz/1 tasse de cassonade douce

1 oeuf, légèrement battu

5 ml/1 cuillère à café d'essence de vanille (extrait)

100 g/4 oz/1 tasse de farine ordinaire (tout usage)

2,5 ml/½ cuillère à café de levure chimique

2,5 ml/½ cuillère à café de bicarbonate de soude (bicarbonate de soude)

2,5 ml/½ cuillère à café de sel

2,5 ml/½ cuillère à café de cannelle moulue

2,5 ml/½ cuillère à café de noix de muscade râpée

450 g/1 lb de pommes de table (dessert), pelées, évidées et coupées en dés

25 g/1 oz/¼ tasse d'amandes, hachées

Crémer le beurre ou la margarine et le sucre jusqu'à consistance légère et mousseuse. Incorporer progressivement l'œuf et l'essence de vanille. Mélanger la farine, la poudre à pâte, le bicarbonate de soude, le sel et les épices et battre dans le mélange jusqu'à homogénéité. Incorporer les pommes et les noix. Verser dans un moule carré de 20 cm/8 po graissé et chemisé et cuire dans un four préchauffé à 180°C/350°F/thermostat 4 pendant 45 minutes jusqu'à ce qu'un cure-dent inséré au centre en ressorte propre.

Gâteau à la purée de pommes

Donne un gâteau de 900 g/2 lb

100 g/4 oz/½ tasse de beurre ou de margarine, ramolli

225 g/8 oz/1 tasse de cassonade douce

2 oeufs, légèrement battus

225 g/8 oz/2 tasses de farine ordinaire (tout usage)

5 ml/1 cuillère à café de cannelle moulue

2,5 ml/½ cuillère à café de noix de muscade râpée

100 g/4 oz/1 tasse de purée de pomme (sauce)

5 ml/1 cuillère à café de bicarbonate de soude (bicarbonate de soude)

30 ml/2 cuillères à soupe d'eau chaude

Crémer ensemble le beurre ou la margarine et le sucre jusqu'à consistance légère et mousseuse. Incorporer les œufs petit à petit. Incorporer la farine, la cannelle, la muscade et la purée de pomme. Mélanger le bicarbonate de soude avec l'eau chaude et l'incorporer au mélange. Versez dans un moule à cake beurré de 900 g/2 lb et faites cuire dans un four préchauffé à 180°C/350°F/thermostat 4 pendant 1h15 jusqu'à ce qu'un cure-dent inséré au centre en ressorte propre.

Gâteau aux pommes au cidre

Donne un gâteau de 20 cm/8 po

100 g/4 oz/½ tasse de beurre ou de margarine, ramolli

150 g/5 oz/2/3 tasse de sucre en poudre (superfin)

3 oeufs

225 g/8 oz/2 tasses de farine auto-levante (auto-levante)

5 ml/1 c. à thé d'épices mélangées moulues (tarte aux pommes)

5 ml/1 cuillère à café de bicarbonate de soude (bicarbonate de soude)

5 ml/1 cuillère à café de levure chimique

150 ml/¼ pt/2/3 tasse de cidre sec

2 pommes à cuire (tartes), pelées, évidées et tranchées

75 g/3 oz/1/3 tasse de sucre demerara

100 g/4 oz/1 tasse de noix mélangées hachées

Mélangez ensemble le beurre ou la margarine, le sucre, les œufs, la farine, les épices, le bicarbonate de soude, la poudre à pâte et 120 ml/4 oz liq./ ½ tasse de cidre jusqu'à ce qu'ils soient bien mélangés, en ajoutant le cidre restant si nécessaire pour créer une pâte lisse. Verser la moitié du mélange dans un moule à cake de 20 cm graissé et chemisé et couvrir avec la moitié des tranches de pomme. Mélangez le sucre et les noix et étalez la moitié sur les pommes. Verser le reste du mélange à gâteau et garnir avec les pommes restantes et le reste du mélange de sucre et de noix. Cuire dans un four préchauffé à 180°C/350°F/thermostat 4 pendant 1 heure jusqu'à ce qu'ils soient dorés et fermes au toucher.

Gâteau aux pommes et à la cannelle

Donne un gâteau de 23 cm/9 po

100 g/4 oz/½ tasse de beurre ou de margarine

100 g/4 oz/½ tasse de sucre en poudre (superfin)

1 oeuf, légèrement battu

100 g/4 oz/1 tasse de farine ordinaire (tout usage)

5 ml/1 cuillère à café de levure chimique

30 ml/2 cuillères à soupe de lait (facultatif)

2 grosses pommes à cuire (tartes), pelées, évidées et tranchées

30 ml/2 cuillères à soupe de sucre semoule (surfin)

5 ml/1 cuillère à café de cannelle moulue

25 g/1 oz/¼ tasse d'amandes, hachées

30 ml/2 cuillères à soupe de sucre demerara

Crémer ensemble le beurre ou la margarine et le sucre jusqu'à consistance légère et mousseuse. Incorporer l'œuf petit à petit, puis incorporer la farine et la levure chimique. Le mélange doit être assez ferme; s'il est trop ferme, incorporer un peu de lait. Verser la moitié du mélange dans un moule à cake (moule) graissé et chemisé de 23 cm/9 po. Disposer les tranches de pomme dessus. Mélanger le sucre et la cannelle et saupoudrer d'amandes sur les pommes. Garnir du reste du mélange à gâteau et saupoudrer de sucre demerara. Cuire dans un four préchauffé à 180°C/350°F/thermostat 4 pendant 30 à 35 minutes jusqu'à ce qu'un cure-dent inséré au centre en ressorte propre.

Gâteau espagnol aux pommes

Donne un gâteau de 23 cm/9 po

175 g/6 oz/¾ tasse de beurre ou de margarine

6 pommes de table Cox's (dessert), pelées, évidées et coupées en quartiers

30 ml/2 cuillères à soupe d'eau-de-vie de pomme

175 g/6 oz/¾ tasse de sucre en poudre (superfin)

150 g/5 oz/1¼ tasse de farine ordinaire (tout usage)

10 ml / 2 cuillères à café de levure chimique

5 ml/1 cuillère à café de cannelle moulue

3 oeufs, légèrement battus

45 ml/3 cuillères à soupe de lait

Pour le glaçage:
60 ml/4 cuillères à soupe de confiture d'abricot (conserve), tamisée (filtrée)

15 ml/1 cuillère à soupe d'eau-de-vie de pomme

5 ml/1 cuillère à café de maïzena (fécule de maïs)

10 ml / 2 cuillères à café d'eau

Faire fondre le beurre ou la margarine dans une grande poêle (poêlon) et faire revenir les morceaux de pomme à feu doux pendant 10 minutes en remuant une fois pour les enrober de beurre. Retirer du feu. Hachez un tiers des pommes et ajoutez l'eau-de-vie de pomme, puis mélangez le sucre, la farine, la levure chimique et la cannelle. Ajouter les œufs et le lait et verser le mélange dans un moule à cake (moule) beurré et fariné de 23 cm. Disposez les tranches de pommes restantes dessus. Cuire dans un four préchauffé à 180°C/350°F/thermostat 4 pendant 45 minutes jusqu'à ce qu'ils soient bien gonflés et dorés et qu'ils commencent à rétrécir des parois du moule.

Pour faire le glaçage, réchauffez la confiture et le brandy ensemble. Mélanger la maïzena en pâte avec l'eau et incorporer la confiture et le brandy. Cuire quelques minutes, en remuant, jusqu'à ce qu'il soit clair. Badigeonner le gâteau chaud et laisser refroidir 30 minutes. Retirer les parois du moule à cake, réchauffer à nouveau le glaçage et badigeonner une seconde fois. Laisser refroidir.

Gâteau aux pommes et raisins secs

Donne un gâteau de 20 cm/8 po

350 g/12 oz/3 tasses de farine auto-levante (auto-levante)

Une pincée de sel

2,5 ml/½ cuillère à café de cannelle moulue

225 g/8 oz/1 tasse de beurre ou de margarine

175 g/6 oz/¾ tasse de sucre en poudre (superfin)

100 g/4 oz/2/3 tasse de raisins secs (raisins dorés)

450 g/1 lb de pommes à cuire (tartes), pelées, évidées et hachées finement

2 oeufs

Un peu de lait

Mélanger la farine, le sel et la cannelle, puis incorporer le beurre ou la margarine jusqu'à ce que le mélange ressemble à de la chapelure. Incorporer le sucre. Faire un puits au centre et ajouter les raisins secs, les pommes et les œufs et bien mélanger en ajoutant un peu de lait pour obtenir un mélange ferme. Versez dans un moule à cake beurré de 20 cm/8 po et faites cuire dans un four préchauffé à 180°C/350°F/thermostat 4 pendant environ 1h30 à 2h jusqu'à consistance ferme au toucher. Servir chaud ou froid.

Gâteau renversé aux pommes

Donne un gâteau de 23 cm/9 po

2 pommes de table (à dessert), pelées, évidées et tranchées finement

75 g/3 oz/1/3 tasse de cassonade douce

45 ml/3 cuillères à soupe de raisins secs

30 ml/2 cuillères à soupe de jus de citron

Pour le gâteau :

200 g/7 oz/1¾ tasse de farine ordinaire (tout usage)

50 g/2 oz/¼ tasse de sucre en poudre (superfin)

10 ml / 2 cuillères à café de levure chimique

5 ml/1 cuillère à café de bicarbonate de soude (bicarbonate de soude)

5 ml/1 cuillère à café de cannelle moulue

Une pincée de sel

120 ml/4 oz/½ tasse de lait

50 g/2 oz/½ tasse de purée de pommes (sauce)

75 ml/5 cuillères à soupe d'huile

1 oeuf, légèrement battu

5 ml/1 cuillère à café d'essence de vanille (extrait)

Mélanger les pommes, le sucre, les raisins secs et le jus de citron et disposer dans le fond d'un moule à cake beurré de 23 cm/9 po. Mélanger les ingrédients secs du gâteau et creuser un puits au centre. Mélanger le lait, la compote de pommes, l'huile, l'œuf et l'essence de vanille et incorporer aux ingrédients secs jusqu'à homogénéité. Versez dans le moule à gâteau et faites cuire dans un four préchauffé à 180°C/350°F/thermostat 4 pendant 40 minutes jusqu'à ce que le gâteau soit doré et se décolle des parois du moule. Laisser refroidir dans le moule pendant 10 minutes, puis renverser délicatement sur une assiette. Servir chaud ou froid.

Gâteau aux abricots

Donne un pain de 900 g/2 lb

225 g/8 oz/1 tasse de beurre ou de margarine, ramolli

225 g/8 oz/1 tasse de sucre en poudre (superfin)

2 œufs, bien battus

6 abricots mûrs, dénoyautés, pelés et écrasés

300 g/11 oz/2¾ tasses de farine ordinaire (tout usage)

5 ml/1 cuillère à café de bicarbonate de soude (bicarbonate de soude)

Une pincée de sel

75 g/3 oz/¾ tasse d'amandes, hachées

Crémer ensemble le beurre ou la margarine et le sucre. Incorporer les œufs petit à petit, puis incorporer les abricots. Incorporer la farine, le bicarbonate de soude et le sel. Incorporer les noix. Verser dans un moule à cake beurré et fariné de 900 g/2 lb et cuire au four préchauffé à 180°C/350°F/thermostat 4 pendant 1 heure jusqu'à ce qu'un cure-dent inséré au centre en ressorte propre. Laisser refroidir dans le moule avant de démouler.

Gâteau aux abricots et au gingembre

Donne un gâteau de 18 cm/7 po

100 g/4 oz/1 tasse de farine auto-levante (auto-levante)

100 g/4 oz/½ tasse de cassonade douce

10 ml/2 cuillères à café de gingembre moulu

100 g/4 oz/½ tasse de beurre ou de margarine, ramolli

2 oeufs, légèrement battus

100 g/4 oz/2/3 tasse d'abricots secs prêts-à-manger, hachés

50 g/2 oz/1/3 tasse de raisins secs

Battez ensemble la farine, le sucre, le gingembre, le beurre ou la margarine et les œufs jusqu'à l'obtention d'un mélange doux. Incorporer les abricots et les raisins secs. Verser le mélange dans un moule à cake graissé et chemisé de 18 cm/7 po et cuire dans un four préchauffé à 180°C/350°F/thermostat 4 pendant 30 minutes jusqu'à ce qu'un cure-dent inséré au centre en ressorte propre.

Gâteau aux abricots ivre

Donne un gâteau de 20 cm/8 po

120 ml/4 fl oz/½ tasse de cognac ou de rhum

120 ml/4 oz/½ tasse de jus d'orange

225 g/8 oz/11/3 tasses d'abricots secs prêts-à-manger, hachés

100 g/4 oz/2/3 tasse de raisins secs (raisins dorés)

175 g/6 oz/¾ tasse de beurre ou de margarine, ramolli

45 ml/3 cuillères à soupe de miel clair

4 œufs, séparés

175 g/6 oz/1½ tasse de farine auto-levante (auto-levante)

10 ml / 2 cuillères à café de levure chimique

Porter à ébullition le cognac ou le rhum et le jus d'orange avec les abricots et les raisins secs. Bien mélanger, puis retirer du feu et laisser reposer jusqu'à refroidissement. Crémer ensemble le beurre ou la margarine et le miel, puis incorporer progressivement les jaunes d'œufs. Incorporer la farine et la levure chimique. Fouetter les blancs d'œufs en neige ferme, puis les incorporer délicatement au mélange. Verser dans un moule à cake de 20 cm de diamètre beurré et chemisé et cuire au four préchauffé à 180°C/350°F/thermostat 4 pendant 1 heure jusqu'à ce qu'un cure-dent inséré au centre en ressorte propre. Laisser refroidir dans le moule.

Gâteau à la banane

Donne un gâteau de 23 x 33 cm/9 x 13 po

4 bananes mûres, écrasées

2 oeufs, légèrement battus

350 g/12 oz/1½ tasse de sucre en poudre (superfin)

120 ml/4 oz/½ tasse d'huile

5 ml/1 cuillère à café d'essence de vanille (extrait)

50 g/2 oz/½ tasse de noix mélangées hachées

225 g/8 oz/2 tasses de farine ordinaire (tout usage)

10 ml/2 cuillères à café de bicarbonate de soude (bicarbonate de soude)

5 ml/1 cuillère à café de sel

Battre ensemble les bananes, les œufs, le sucre, l'huile et la vanille. Ajouter les ingrédients restants et remuer jusqu'à ce qu'ils soient juste mélangés. Versez dans un moule à gâteau de 23 x 33 cm/9 x 13 po et faites cuire dans un four préchauffé à 180°C/350°F/thermostat 4 pendant 45 minutes jusqu'à ce qu'un cure-dent inséré au centre en ressorte propre.

Gâteau aux bananes croustillant

Donne un gâteau de 23 cm/9 po

100 g/4 oz/½ tasse de beurre ou de margarine, ramolli

300 g/11 oz/11/3 tasses de sucre en poudre (superfin)

2 oeufs, légèrement battus

175 g/6 oz/1½ tasse de farine ordinaire (tout usage)

2,5 ml/½ cuillère à café de sel

1,5 ml/½ cuillère à café de noix de muscade râpée

5 ml/1 cuillère à café de bicarbonate de soude (bicarbonate de soude)

75 ml/5 cuillères à soupe de lait

Quelques gouttes d'essence de vanille (extrait)

4 bananes, écrasées

Pour la garniture :

50 g/2 oz/¼ tasse de sucre demerara

50 g/2 oz/2 tasses de cornflakes, écrasés

2,5 ml/½ cuillère à café de cannelle moulue

25 g/1 oz/2 cuillères à soupe de beurre ou de margarine

Battre ensemble le beurre ou la margarine et le sucre jusqu'à consistance légère et mousseuse. Incorporer les œufs petit à petit, puis incorporer la farine, le sel et la muscade. Mélanger le bicarbonate de soude dans le lait et l'essence de vanille et incorporer au mélange avec les bananes. Verser dans un moule à gâteau carré de 23 cm/9 po graissé et chemisé.

Pour faire la garniture, mélanger le sucre, les cornflakes et la cannelle et frotter dans le beurre ou la margarine. Saupoudrez le gâteau et faites cuire dans un four préchauffé à

180°C/350°F/thermostat 4 pendant 45 minutes jusqu'à consistance ferme au toucher.

Éponge à la banane

Donne un gâteau de 23 cm/9 po

100 g/4 oz/½ tasse de beurre ou de margarine, ramolli

100 g/4 oz/½ tasse de sucre en poudre (superfin)

2 œufs, battus

2 grosses bananes mûres, écrasées

225 g/8 oz/1 tasse de farine auto-levante (auto-levante)

45 ml/3 cuillères à soupe de lait

Pour le remplissage et la garniture :
225 g/8 oz/1 tasse de fromage à la crème

30 ml/2 cuillères à soupe de crème sure

100 g/4 oz de chips de banane séchées

Crémer ensemble le beurre ou la margarine et le sucre jusqu'à ce qu'ils soient pâles et mousseux. Ajouter progressivement les œufs, puis incorporer les bananes et la farine. Incorporer le lait jusqu'à ce que le mélange ait une consistance coulante. Verser dans un moule à cake de 23 cm de diamètre beurré et chemisé et cuire au four préchauffé à 180°C/350°F/thermostat 4 pendant environ 30 minutes jusqu'à ce qu'un cure-dent inséré au centre en ressorte propre. Démouler sur une grille et laisser refroidir, puis couper en deux horizontalement.

Pour faire la garniture, battre ensemble le fromage à la crème et la crème sure et utiliser la moitié du mélange pour prendre en sandwich les deux moitiés du gâteau. Étaler le reste du mélange sur le dessus et décorer avec les chips de banane.

Gâteau aux bananes riche en fibres

Donne un gâteau de 18 cm/7 po

100 g/4 oz/½ tasse de beurre ou de margarine, ramolli

50 g/2 oz/¼ tasse de cassonade douce

2 oeufs, légèrement battus

100 g/4 oz/1 tasse de farine complète (complète)

10 ml / 2 cuillères à café de levure chimique

2 bananes, écrasées

Pour le remplissage:

225 g/8 oz/1 tasse de fromage blanc (cottage lisse)

5 ml/1 cuillère à café de jus de citron

15 ml/1 cuillère à soupe de miel clair

1 banane, tranchée

Sucre glace (de confiserie), tamisé, pour saupoudrer

Crémer ensemble le beurre ou la margarine et le sucre jusqu'à consistance légère et mousseuse. Incorporer les œufs petit à petit, puis incorporer la farine et la levure chimique. Incorporer délicatement les bananes. Répartir le mélange dans deux moules à cake de 18 cm/7 po graissés et chemisés et cuire au four préchauffé pendant 30 minutes jusqu'à ce qu'ils soient fermes au toucher. Laisser refroidir.

Pour faire la garniture, battre ensemble le fromage à la crème, le jus de citron et le miel et étaler sur l'un des gâteaux. Disposez les rondelles de banane dessus, puis recouvrez avec le deuxième gâteau. Servir saupoudré de sucre glace.

Gâteau à la banane et au citron

Donne un gâteau de 18 cm/7 po

100 g/4 oz/½ tasse de beurre ou de margarine, ramolli

175 g/6 oz/¾ tasse de sucre en poudre (superfin)

2 oeufs, légèrement battus

225 g/8 oz/2 tasses de farine auto-levante (auto-levante)

2 bananes, écrasées

Pour le remplissage et la garniture :

75 ml/5 cuillères à soupe de crème de citron

2 bananes, tranchées

45 ml/3 cuillères à soupe de jus de citron

100 g/4 oz/2/3 tasse de sucre glace (de confiserie), tamisé

Crémer ensemble le beurre ou la margarine et le sucre jusqu'à consistance légère et mousseuse. Incorporer les œufs petit à petit en battant bien après chaque ajout, puis incorporer la farine et les bananes. Répartir le mélange dans deux moules à sandwich de 18 cm/7 po graissés et chemisés et cuire au four préchauffé à 180°C/350°F/thermostat 4 pendant 30 minutes. Démoulez et laissez refroidir.

Sandwichez les gâteaux avec la crème de citron et la moitié des tranches de banane. Arrosez les tranches de banane restantes avec 15 ml/1 cuillère à soupe de jus de citron. Mélanger le jus de citron restant avec le sucre glace pour faire un glaçage ferme (glaçage). Lisser le glaçage sur le gâteau et décorer avec les tranches de banane.

Gâteau au chocolat et aux bananes au mélangeur

Donne un gâteau de 20 cm/8 po

225 g/8 oz/2 tasses de farine auto-levante (auto-levante)

2,5 ml/½ cuillère à café de levure chimique

40 g/1½ oz/3 cuillères à soupe de chocolat à boire en poudre

2 oeufs

60 ml/4 cuillères à soupe de lait

150 g/5 oz/2/3 tasse de sucre en poudre (superfin)

100 g/4 oz/½ tasse de margarine molle

2 bananes mûres, hachées

Mélanger la farine, la levure chimique et le chocolat à boire. Mélangez les ingrédients restants dans un mélangeur ou un robot culinaire pendant environ 20 secondes - le mélange aura l'air caillé. Verser dans les ingrédients secs et bien mélanger. Versez dans un moule à cake de 20 cm de diamètre beurré et chemisé et faites cuire dans un four préchauffé à 180°C/350°F/thermostat 4 pendant environ 1 heure jusqu'à ce qu'un cure-dent inséré au centre en ressorte propre. Démoulez sur une grille pour refroidir.

Gâteau aux bananes et cacahuètes

Donne un gâteau de 900 g/2 lb

275 g/10 oz/2½ tasses de farine ordinaire (tout usage)

225 g/8 oz/1 tasse de sucre en poudre (superfin)

100 g/4 oz/1 tasse de cacahuètes, hachées finement

15 ml / 1 cuillère à soupe de levure chimique

Une pincée de sel

2 œufs, séparés

6 bananes, écrasées

Zeste râpé et jus de 1 petit citron

50 g/2 oz/¼ tasse de beurre ou de margarine, fondu

Mélanger la farine, le sucre, les noix, la levure chimique et le sel. Battre les jaunes d'œufs et les incorporer au mélange avec les bananes, le zeste et le jus de citron et le beurre ou la margarine. Fouetter les blancs d'œufs en neige ferme, puis les incorporer au mélange. Versez dans un moule à cake beurré de 900 g/2 lb et faites cuire dans un four préchauffé à 180°C/350°F/thermostat 4 pendant 1 heure jusqu'à ce qu'un cure-dent inséré au centre en ressorte propre.

Gâteau tout-en-un à la banane et aux raisins secs

Donne un gâteau de 900 g/2 lb

450 g/1 lb de bananes mûres, écrasées

50 g/2 oz/½ tasse de noix mélangées hachées

120 ml / 4 fl oz / ½ tasse d'huile de tournesol

100 g/4 oz/2/3 tasse de raisins secs

75 g/3 oz/¾ tasse de flocons d'avoine

150 g/5 oz/1¼ tasse de farine complète (complète)

1,5 ml/¼ c. à thé d'essence d'amande (extrait)

Une pincée de sel

Mélanger tous les ingrédients ensemble pour obtenir un mélange doux et humide. Verser dans un moule à pain de 900 g/2 lb graissé et tapissé et cuire dans un four préchauffé à 190°C/375°F/thermostat 5 pendant 1 heure jusqu'à ce qu'ils soient dorés et qu'un couteau inséré au centre en ressorte propre . Refroidir dans le moule pendant 10 minutes avant de démouler.

Gâteau à la banane et au whisky

Donne un gâteau de 25 cm/10 po

225 g/8 oz/1 tasse de beurre ou de margarine, ramolli

450 g/1 lb/2 tasses de cassonade douce

3 bananes mûres, écrasées

4 oeufs, légèrement battus

175 g/6 oz/1½ tasse de noix de pécan, hachées grossièrement

225 g/8 oz/11/3 tasses de raisins secs (raisins dorés)

350 g/12 oz/3 tasses de farine ordinaire (tout usage)

15 ml / 1 cuillère à soupe de levure chimique

5 ml/1 cuillère à café de cannelle moulue

2,5 ml/½ cuillère à café de gingembre moulu

2,5 ml/½ cuillère à café de noix de muscade râpée

150 ml/¼ pinte/2/3 tasse de whisky

Crémer ensemble le beurre ou la margarine et le sucre jusqu'à consistance légère et mousseuse. Incorporer les bananes, puis incorporer progressivement les œufs. Mélangez les noix et les raisins secs avec une grande cuillerée de farine, puis, dans un bol séparé, mélangez le reste de la farine avec la levure chimique et les épices. Incorporer la farine dans le mélange crémeux en alternant avec le whisky. Incorporer les noix et les raisins secs. Versez le mélange dans un moule à cake de 25 cm/10 po non graissé et faites cuire dans un four préchauffé à 180°C/350°F/thermostat 4 pendant 1h15 jusqu'à ce qu'il soit élastique au toucher. Laisser refroidir dans le moule pendant 10 minutes avant de démouler sur une grille pour terminer le refroidissement.

Gâteau aux bleuets

Donne un gâteau de 23 cm/9 po

175 g/6 oz/¾ tasse de sucre en poudre (superfin)

60 ml/4 cuillères à soupe d'huile

1 oeuf, légèrement battu

120 ml/4 oz/½ tasse de lait

225 g/8 oz/2 tasses de farine ordinaire (tout usage)

10 ml / 2 cuillères à café de levure chimique

2,5 ml/½ cuillère à café de sel

225 g/8 oz de myrtilles

Pour la garniture :
50 g/2 oz/¼ tasse de beurre ou de margarine, fondu

100 g/4 oz/½ tasse de sucre cristallisé

50 g/2 oz/¼ tasse de farine ordinaire (tout usage)

2,5 ml/½ cuillère à café de cannelle moulue

Battre ensemble le sucre, l'huile et l'œuf jusqu'à ce qu'ils soient bien mélangés et pâles. Incorporer le lait, puis incorporer la farine, la levure chimique et le sel. Incorporer les myrtilles. Verser le mélange dans un moule à cake beurré et fariné de 23 cm. Mélanger les ingrédients de la garniture et saupoudrer sur le mélange. Cuire dans un four préchauffé à 190°C/375°F/thermostat 5 pendant 50 minutes jusqu'à ce qu'un cure-dent inséré au centre en ressorte propre. Servir chaud.

Gâteau pavé aux cerises

Donne un gâteau de 900 g/2 lb

175 g/6 oz/¾ tasse de beurre ou de margarine, ramolli

175 g/6 oz/¾ tasse de sucre en poudre (superfin)

3 oeufs, battus

225 g/8 oz/2 tasses de farine ordinaire (tout usage)

2,5 ml/½ cuillère à café de levure chimique

100 g/4 oz/2/3 tasse de raisins secs (raisins dorés)

150 g/5 oz/2/3 tasse de cerises glacées (confites), coupées en quartiers

225 g/8 oz de cerises fraîches, dénoyautées (dénoyautées) et coupées en deux

30 ml/2 cuillères à soupe de confiture d'abricot (conserver)

Battre le beurre ou la margarine jusqu'à ce qu'ils soient tendres, puis incorporer le sucre. Incorporer les œufs, puis la farine, la levure chimique, les raisins secs et les cerises confites. Versez dans un moule à cake beurré de 900 g/2 lb et faites cuire dans un four préchauffé à 160°C/325°F/thermostat 3 pendant 2h30. Laisser dans le moule 5 minutes puis démouler sur une grille pour terminer le refroidissement.

Disposez les cerises en rang sur le dessus du gâteau. Portez à ébullition la confiture d'abricots dans une petite casserole, puis tamisez-la et badigeonnez-en le dessus du gâteau pour le glacer.

Gâteau aux cerises et à la noix de coco

Donne un gâteau de 20 cm/8 po

350 g/12 oz/3 tasses de farine auto-levante (auto-levante)

175 g/6 oz/¾ tasse de beurre ou de margarine

225 g/8 oz/1 tasse de cerises glacées (confites), coupées en quartiers

100 g/4 oz/1 tasse de noix de coco déshydratée (râpée)

175 g/6 oz/¾ tasse de sucre en poudre (superfin)

2 gros œufs, légèrement battus

200 ml/7 oz/à peine 1 tasse de lait

Placez la farine dans un bol et frottez-la avec le beurre ou la margarine jusqu'à ce que le mélange ressemble à de la chapelure. Mélangez les cerises dans la noix de coco, puis ajoutez-les au mélange avec le sucre et mélangez légèrement. Ajouter les œufs et la majeure partie du lait. Bien battre, en ajoutant du lait supplémentaire si nécessaire pour donner une consistance molle. Verser dans un moule à cake de 20 cm graissé et chemisé. Cuire dans un four préchauffé à 180°C/ 350°F/thermostat 4 pendant 1h30 jusqu'à ce qu'un cure-dent inséré au centre en ressorte propre.

Gâteau aux cerises et aux raisins secs

Donne un gâteau de 900 g/2 lb

100 g/4 oz/½ tasse de beurre ou de margarine, ramolli

100 g/4 oz/½ tasse de sucre en poudre (superfin)

3 oeufs, légèrement battus

100 g/4 oz/½ tasse de cerises glacées (confites)

350 g/12 oz/2 tasses de raisins secs (raisins dorés)

175 g/6 oz/1½ tasse de farine ordinaire (tout usage)

Une pincée de sel

Crémer ensemble le beurre ou la margarine et le sucre jusqu'à consistance légère et mousseuse. Ajouter progressivement les oeufs. Mélanger les cerises et les raisins secs dans un peu de farine pour les enrober, puis incorporer le reste de la farine au mélange avec le sel. Incorporer les cerises et les raisins secs. Versez le mélange dans un moule à cake de 900 g/2 lb graissé et chemisé et faites cuire dans un four préchauffé à 160°C/325°F/thermostat 3 pendant 1h30 jusqu'à ce qu'un cure-dent inséré au centre en ressorte propre.

Gâteau glacé aux cerises et aux noix

Donne un gâteau de 18 cm/7 po

100 g/4 oz/½ tasse de beurre ou de margarine, ramolli

100 g/4 oz/½ tasse de sucre en poudre (superfin)

2 oeufs, légèrement battus

15 ml/1 cuillère à soupe de miel clair

150 g/5 oz/1¼ tasses de farine auto-levante (auto-levante)

5 ml/1 cuillère à café de levure chimique

Une pincée de sel

Pour la déco :
225 g/8 oz/11/3 tasses de sucre à glacer (de confiserie), tamisé

30 ml/2 cuillères à soupe d'eau

Quelques gouttes de colorant alimentaire rouge

4 cerises glacées (confites), coupées en deux

4 moitiés de noix

Crémer ensemble le beurre ou la margarine et le sucre jusqu'à consistance légère et mousseuse. Incorporer progressivement les œufs et le miel, puis incorporer la farine, la levure chimique et le sel. Versez le mélange dans un moule à gâteau de 18 cm/8 po graissé et chemisé et faites cuire dans un four préchauffé à 190°C/375°F/thermostat 5 pendant 20 minutes jusqu'à ce qu'il soit bien gonflé et ferme au toucher. Laisser refroidir.

Placer le sucre glace dans un bol et incorporer graduellement suffisamment d'eau pour obtenir un glaçage à tartiner (glaçage). Répartir le plus sur le dessus du gâteau. Colorez le glaçage restant avec quelques gouttes de colorant alimentaire, en ajoutant un peu plus de sucre glace si cela rend le glaçage trop liquide. Pocher ou verser le glaçage rouge sur le gâteau pour le diviser en quartiers, puis décorer avec les cerises et les noix confites.

Gâteau Damson

Donne un gâteau de 20 cm/8 po

100 g/4 oz/½ tasse de beurre ou de margarine, ramolli

75 g/3 oz/1/3 tasse de cassonade douce

2 oeufs, légèrement battus

225 g/8 oz/2 tasses de farine auto-levante (auto-levante)

450 g/1 lb de quetsches, dénoyautées (dénoyautées) et coupées en deux

50 g/2 oz/½ tasse de noix mélangées hachées.

Crémer ensemble le beurre ou la margarine et le sucre jusqu'à consistance légère et mousseuse, puis ajouter graduellement les œufs en battant bien après chaque ajout. Incorporer la farine et les quetsches. Verser le mélange dans un moule à cake de 20 cm graissé et chemisé et saupoudrer de noix. Cuire dans un four préchauffé à 190°C/375°F/thermostat 5 pendant 45 minutes jusqu'à consistance ferme au toucher. Laisser refroidir dans le moule pendant 10 minutes avant de démouler sur une grille pour terminer le refroidissement.

Gâteau aux dattes et aux noix

Donne un gâteau de 23 cm/9 po

300 ml/½ pt/1¼ tasse d'eau bouillante

225 g/8 oz/11/3 tasses dattes, dénoyautées (dénoyautées) et hachées

5 ml/1 cuillère à café de bicarbonate de soude (bicarbonate de soude)

75 g/3 oz/1/3 tasse de beurre ou de margarine, ramolli

225 g/8 oz/1 tasse de sucre en poudre (superfin)

1 oeuf, battu

275 g/10 oz/2½ tasses de farine ordinaire (tout usage)

Une pincée de sel

2,5 ml/½ cuillère à café de levure chimique

50 g/2 oz/½ tasse de noix, hachées

Pour la garniture :

50 g/2 oz/¼ tasse de cassonade douce

25 g/1 oz/2 cuillères à soupe de beurre ou de margarine

30 ml/2 cuillères à soupe de lait

Quelques moitiés de noix pour décorer

Mettre l'eau, les dattes et le bicarbonate de soude dans un bol et laisser reposer 5 minutes. Crémer ensemble le beurre ou la margarine et le sucre jusqu'à ce qu'ils soient tendres, puis incorporer l'œuf avec l'eau et les dattes. Mélanger la farine, le sel et la levure chimique, puis incorporer au mélange avec les noix. Verser dans un moule à gâteau de 23 cm/9 po graissé et chemisé et cuire dans un four préchauffé à 180°C/350°F/thermostat 4 pendant 1 heure jusqu'à consistance ferme. Refroidir sur une grille.

Pour faire la garniture, mélanger le sucre, le beurre et le lait jusqu'à consistance lisse. Répartir sur le gâteau et décorer avec les moitiés de noix.

Gâteau au citron

Donne un gâteau de 20 cm/8 po

175 g/6 oz/¾ tasse de beurre ou de margarine, ramolli

175 g/6 oz/¾ tasse de sucre en poudre (superfin)

2 œufs, battus

225 g/8 oz/2 tasses de farine auto-levante (auto-levante)

Jus et zeste râpé de 1 citron

60 ml/4 cuillères à soupe de lait

Crémer ensemble le beurre ou la margarine et 100 g/4 oz/½ tasse de sucre. Ajouter les œufs petit à petit, puis incorporer la farine et le zeste de citron râpé. Incorporer suffisamment de lait pour donner une consistance molle. Versez le mélange dans un moule à cake de 20 cm/8 po graissé et chemisé et faites cuire dans un four préchauffé à 180°C/350°F/thermostat 4 pendant 1 heure jusqu'à ce qu'il soit gonflé et doré. Dissoudre le sucre restant dans le jus de citron. Piquer le gâteau chaud partout avec une fourchette et verser sur le mélange de jus. Laisser refroidir.

Gâteau à l'orange et aux amandes

Donne un gâteau de 20 cm/8 po

4 œufs, séparés

100 g/4 oz/½ tasse de sucre en poudre (superfin)

le zeste râpé d'1 orange

50 g/2 oz/½ tasse d'amandes finement hachées

50 g/2 oz/½ tasse d'amandes moulues

Pour le sirop :

100 g/4 oz/½ tasse de sucre en poudre (superfin)

300 ml/½ pt/1¼ tasse de jus d'orange

15 ml/1 cuillère à soupe de liqueur d'orange (facultatif)

1 bâton de cannelle

Battre ensemble les jaunes d'œufs, le sucre, le zeste d'orange, les amandes et la poudre d'amandes. Battre les blancs d'œufs en neige ferme, puis les incorporer au mélange. Versez dans un moule à cake de 20 cm de diamètre beurré et fariné et faites cuire dans un four préchauffé à 180°C/350°F/thermostat 4 pendant 45 minutes jusqu'à ce qu'ils soient fermes au toucher. Piquez le tout avec une pique à brochette et laissez refroidir.

Pendant ce temps, dissoudre le sucre dans le jus d'orange et la liqueur, le cas échéant, à feu doux avec le bâton de cannelle, en remuant de temps en temps. Porter à ébullition et faire bouillir jusqu'à ce qu'il soit réduit en un sirop fin. Jeter la cannelle. Verser le sirop chaud sur le gâteau et laisser s'imbiber.

www.ingramcontent.com/pod-product-compliance
Lightning Source LLC
LaVergne TN
LVHW021705060526
838200LV00050B/2517